AU PAYS DE L'HÉROÏSME

2e SÉRIE GR. IN-8° CARRÉ

(N° 3212)

DU MÊME AUTEUR :

JÉSUS ET NOS PETITS ENFANTS

Album de poésies honoré de la bénédiction de Sa Sainteté Pie X.
Préface de Fr. Coppée.

MOTS ET GESTES D'ENFANTS

Préface de Jean Aicard.

AU CŒUR DE L'ALSACE — A TRAVERS LES RUELLES

Ouvrage couronné par l'Académie française.

E. Yrondy.

PRO PATRIA

AU

PAYS DE L'HÉROÏSME

PAR

M. ROCHENOR

LAURÉAT DE L'ACADÉMIE FRANÇAISE

TOURS

MAISON ALFRED MAME ET FILS

Écoutez, vous, les jeunes! Le canon tonne, la poudre crépite, les balles sifflent, les tambours battent, les trompettes sonnent la charge, on se bat au Maroc, on se battra peut-être demain sur le sol même de notre France.

C'est pour ce jour de demain que vous devez aiguiser vos armes, tremper vos épées, mais surtout former vos cœurs et forger vos volontés, afin que votre vie soit un assaut continuel vers tout ce qui demande un réel courage et un suprême effort, vers l'héroïsme enfin.

De l'héroïsme, il en est question dans tout le cours de ce livre, c'est donc à vous que je le dédie. Puissiez-vous, à votre tour, inscrire votre nom à la suite de ceux qui furent si grands et si beaux, et, comme eux, signer tous vos actes, marquer tous vos gestes de ces trois mots qui ouvrent et ferment cet ouvrage :

VIVE LA FRANCE!

PRÉFACE

Elles abondent autour de moi ces pages d'héroïsme national, que je voudrais transcrire ici. Elles se dressent devant moi, superbes, magnanimes, étincelantes de gloire! Fleurs épanouies en pleine terre de France ou bien écloses sur une plage lointaine, fleurs effeuillées du sacrifice que le vent de l'histoire nous apporte, à savourer votre parfum, mon âme éblouie s'éprend d'un délicieux frisson!

Je voudrais, en ces quelques feuillets, chanter, proclamer les efforts tentés par les nôtres pour ajouter un rayon de plus à l'auréole, déjà si belle, que la France porte sur son front. Je voudrais démontrer à tous que s'il est, à l'heure actuelle, de navrantes et désastreuses défaillances, il est aussi de superbes énergies pour le bien. Grâce à Dieu, il existe encore, chez nous, de ces êtres épris de la passion de l'Idéal et qui s'efforcent de semer autour d'eux de la bonté et du dévouement, comme d'autres s'acharnent à semer leur venimeux poison. Ils vont plus loin, leur patrie ne suffisant pas aux nobles aspirations de leurs âmes. Ils ont un cœur si large et si grand, qu'on dirait qu'il embrasse le monde. Leur pays succombant sous les pires trahisons, les honteuses défections, les lâches ambitions, ils iront de par delà les mers lui conquérir de l'honneur et de la gloire. Prêtres ou soldats, explorateurs, savants, aviateurs, ils feront plus grand et plus beau le renom de la France. Ils planteront son drapeau sur les cimes les plus élevées comme sur les rives des lacs les plus reculés. Ils couvriront de ses plis les faibles et les opprimés. Se souvenant que sa flamme porte les trois couleurs, ils mettront un peu de ciel dans leurs yeux, de la pureté dans leurs âmes et beaucoup d'amour dans leurs cœurs. Ils défricheront, ils travailleront, ils combattront pour cette Patrie tant aimée jusqu'au jour où, rendus, épuisés, serrant encore, entre leurs pauvres doigts à demi glacés par la mort, ce lambeau glorieux qui les fit si braves et si forts, les yeux tournés vers l'immortelle Patrie, pour laquelle, celle-là, on ne combat jamais en vain, leurs âmes, ouvrant grandes leurs ailes, s'élanceront d'un bond vers l'Idéal suprême, qui n'est autre que Dieu.

Levez-vous, nobles héros! Sortez de vos cercueils, vous que la mort y a déjà couchés, et parlez-nous. La France vous écoute et la jeunesse vous envie. Paraissez, défilez, modestes travailleurs, petits troupiers inconnus, officiers qui n'aviez encore pour étoiles que celles imprimées par vos mères, sur vos jeunes fronts, aux jours de votre petite enfance.

Missionnaires massacrés, victimes de votre foi, soldats tombés au champ d'honneur, marins engloutis par les flots, mineurs ensevelis dans les entrailles de la terre, aviateurs écrasés ou carbonisés par vos appareils, vous tous enfin, pionniers de notre civilisation et de notre honneur national, qui rêviez de planter notre pavillon un peu plus loin ou un peu plus haut, parlez, parlez donc, racontez-nous vos exploits.

Et vous tous qui vivez à cette heure, poursuivant laborieusement, péniblement peut-être, mais hardiment, la tâche ébauchée, tracée par vos devanciers, héritiers de leur bravoure et de leur intrépidité, paraissez aussi. Montrez-vous à nos yeux éblouis, ou du moins que la brise nous rapporte les échos de vos voix.

En ces jours où notre honneur national semble s'en aller lambeau par lambeau, alors qu'il est battu presque partout en brèche, et que certains esprits chagrins seraient peut-être tentés de se décourager, il m'a semblé très doux, très utile et très bon, de faire revivre, en ces pages, les actes d'héroïsme accomplis par les nôtres. Traits sublimes, en vérité, reproduits pour certains par les feuilles publiques, mais que nous oublions trop facilement, emportés par le courant de la vie, grisés par la course folle que nous menons, ne faisant que parcourir ce qu'il faudrait méditer, qu'effleurer ce qu'il faudrait baiser.

N'est-ce pas le comte de Vogüé qui, dans *les Morts qui parlent,* a, de sa plume magistrale, rendu un suprême hommage à tous ces enfants du pays tombés pour la Patrie? Qu'il s'agisse, en effet, de nos conquêtes en Tunisie, au Tonkin, en Indo-Chine, au Soudan, à Madagascar, au Maroc, enfin, n'importe, partout où combattent ses soldats, la France peut en être justement et glorieusement fière.

Oui, disons-le, répétons-le bien haut, c'est une joie de le constater, la race des braves n'est point encore éteinte chez nous et la *furia francese,* « la furie française, » selon l'expression caractéristique dont les Italiens se servirent, à partir de la bataille de Fornoue, pour exprimer l'impétuosité des Français dans les combats, n'est point un vain mot.

Ils seront inscrits en lettres d'or sur le livre des héros de la Patrie, les noms de Paul Henry, de Roze, de Ricard, du capitaine Fiegenschuh, du lieutenant-colonel Moll, de l'adjudant Leclerc, du sergent Bal et du lieutenant Marchand, pour n'en citer que quelques-uns. Chaque mois, chaque semaine, presque chaque jour que Dieu fait, nous apportent de nouveaux noms, et la liste des glorieuses victimes s'en va toujours grossissant. A elle seule, la guerre du Maroc suffirait pour prouver l'héroïsme de nos troupiers, ainsi que celui de leurs chefs.

A tous ces braves tombés, les uns dans de sanglantes mêlées, les autres dans de perfides et habiles traquenards, certains précipités de leurs dangereux appareils, la Patrie a rendu de suprêmes hommages et fait à leurs dépouilles mortelles de splendides funérailles. Et dans les cités, petites ou grandes, témoins de ces inoubliables manifestations, qui dira le souffle puissant qui passait au travers des âmes de ceux qui y prenaient part? Quel spectacle aussi, pour ces foules massées tout le long de ces imposants cortèges, et quelle émouvante et saisissable leçon! Il semblait vraiment qu'au-dessus de tous les esprits et de tous les cœurs, confondus dans une commune et indescriptible émotion, il semblait que la Patrie planait là comme une reine, qu'elle entr'ouvrait son cœur déchiré et qu'elle emportait toutes les âmes vers l'au-delà, de par les sphères éternelles, murmurant au dedans de chacun : *Excelsior!* plus haut! Et bien au-dessus des voûtes de nos vieilles cathédrales, aux majestueux piliers tout pavoisés de drapeaux, dont le crêpe, hélas! endeuillait et voilait les trois couleurs, il semblait qu'on l'apercevait, elle, la Patrie, idéalisée et comme sortie du cœur même de Dieu, embrassant tous ses enfants et les couvrant de son amour.

On eût dit que de toutes les pierres de ces antiques monuments, que de chacune de leurs dalles, sortaient, passaient et repassaient des ombres; ombres de ces héros d'hier et de ces héros d'aujourd'hui, ceux-là pour beaucoup inconnus de nous, mais qui ne se lassent pas de travailler et de lutter pour le pays.

Tandis que les grandes orgues gémissaient douloureusement, exprimant par leurs accents plaintifs les déchirements et les angoisses de tous les cœurs blessés, alors que les cloches et les gros bourdons de nos antiques campaniles sonnaient lugubremeut le glas des meilleurs de leurs enfants, qui dira le frisson ressenti par les mères offrant à Dieu leurs fils pour racheter la France?

« C'est le cœur des femmes et des mères qui fait les Nations, » a dit l'abbé Pereyve; et Mgr Dupanloup : « Une femme ne peut rien faire de plus grand sur la terre que d'élever un fils. »

Pauvres enfants que les nôtres, ignorant quel poids d'amour ils coûtent et ne le comprenant que le jour où, laissant derrière eux leur vingt-cinq premiers printemps, ils commencent à donner à d'autres ce qu'eux-mêmes ont reçu.

Et pourtant, il l'avait bien saisi, le jeune roi d'Espagne, Alphonse XIII, lors de son premier voyage à Paris, lorsque, répondant aux souhaits de bienvenue du cardinal Richard, à Notre-Dame, il lui disait ce joli mot :

« Ce que je suis, je le dois à ma mère ! »

Il est rapporté que lorsque le fameux du Guesclin fut fait prisonnier du Prince Noir, les femmes françaises s'offrirent à filer sa rançon. Actuellement ce n'est pas un homme qu'il s'agit de racheter, c'est la Patrie elle-même qu'il nous faut défendre et relever. Vous donc à qui Dieu a fait l'insigne honneur de la maternité, mettez-vous à l'ouvrage et tissez votre toile. Elle sera faite de vos sueurs, de vos larmes et de vos sacrifices, et si, par malheur, devant l'inutilité apparente de vos efforts, vous vous sentiez parfois envahir par le découragement, c'est alors qu'il faudrait vous rappeler cette belle et consolante parole de Lamartine :

« Quand tout est désespéré dans une cause nationale, il ne faut pas désespérer encore, tant qu'il reste un foyer de résistance au cœur d'une femme. »

Et maintenant il me reste un devoir à remplir. A tous ceux qui ont facilité ma tâche, me communiquant de précieux documents, me donnant de bienveillantes autorisations ; à ceux qui m'ont cité des mots, indiqué des faits, répété des gestes, j'envoie mon plus cordial merci.

Je n'ai qu'un regret, celui de n'avoir pu m'arrêter à saluer toutes les formes du dévouement et tous les genres d'héroïsme. J'ai dû forcément me borner et laisser à d'autres le soin de glaner encore ; mais, en déposant la plume, j'ai, du moins, le sentiment intime d'avoir travaillé pour mon pays. Puissent ces pages susciter, chez ceux qui les liront, un généreux enthousiasme pour tout ce qui se rapproche du bon et du beau. A côtoyer les grandes âmes, à les étudier de près, on se sent envahir par la noble ambition de les imiter. S'il n'est pas demandé à tous de tenir le drapeau, à tous il est prescrit de le suivre, de l'acclamer et de le faire aimer.

Je ne sais qui a dit :

« Mettez la main sur un cœur d'homme, et, s'il y bat un cœur de soldat, vous saurez que c'est un Français ! »

L'amour de la France, voilà la grande et noble passion qui a fait les hommes dont il est parlé dans cet ouvrage. Puisse cette même passion envahir et gagner tous ceux qui parcoureront ces pages, leur mettant au cœur la flamme sainte et sacrée qui fait les braves et les transforme en héros.

M. ROCHENOR.

AU PAYS DE L'HÉROÏSME

I

SOUS L'UNIFORME

Ce n'est pas sans une indescriptible émotion que j'aborde ce chapitre. Il ne m'a pas fallu chercher bien loin dans ma pensée pour en trouver le titre. C'est dans mon cœur qu'il se trouvait inscrit. Faut-il en rechercher la cause dans un trop court espace de vie, passé au cœur même de l'armée française? Beaux jours ensoleillés du printemps de l'existence, trop vite écoulés, mais dont le souvenir nous suit à travers le temps, gravant en nous de délicieuses évocations du passé; pages jaunies du livre d'autrefois qu'on lit et relit pieusement; fleurs parfumées qu'on effeuille le soir, l'hiver, sous la lampe!

L'armée, j'ai nommé l'armée! Cette merveilleuse école de sacrifice, de dévouement et de noble enthousiasme où tous les cœurs qui battent sous l'uniforme battent pour la France, la grande aimée.

L'armée française, l'élite par excellence, la grande muette, comme on l'appelle avec raison, qui souffre sans jamais se plaindre et qui, chaque jour que Dieu fait, sur un point quelconque de notre globe, donne à son pays, sans qu'il le sache bien souvent, un peu de son sang et beaucoup de son cœur.

Qu'il s'agisse d'un chef ou d'un simple et modeste homme de troupe, le soldat français emporte avec lui, partout où il va, son bagage de chevaleresque bravoure. Sans s'en douter, peut-être, mais sûrement à une heure quelconque, il fera le geste de la race, ce geste qui, depuis le commencement de notre histoire, s'est transmis de génération en génération, soulevant l'admiration des foules et suscitant les applaudissements de nos ennemis eux-mêmes.

Pourquoi faut-il donc que nos doigts ne soulignent pas davantage ces faits accomplis journellement par les nôtres? Pourquoi, dans nos collèges, dans nos écoles, là où se forment les hommes de demain, ne s'attache-t-on pas à signaler aux jeunes, encore sur les bancs, les prouesses de ceux qui, il y a peu d'années encore, les précédèrent sur ces mêmes bancs? Les âmes des enfants s'éprendraient bien vite de ces nobles exemples. Leurs imaginations, si avides d'exploits merveilleux, seraient subjuguées par tant de sublime vaillance, et cela leur ferait, peut-être, prendre à dégoût la lecture de tous ces romans d'aventures qui ne sont bons qu'à former des criminels et des irresponsables.

A ceux qui, plus séduits par l'attrait des lettres que par celui des armes, choisiraient la parole ou la plume, on citerait ce ravissant passage du discours que le général Langlois prononçait à l'Académie française, sur Costa de Beauregard. Soldat et parlant en soldat, mais se rappelant qu'il s'exprimait devant l'élite des lettres françaises, le nouvel académicien s'attachait à démontrer que l'homme d'arme est un peu poète :

« Nous suivons, nous aussi, disait-il, notre route d'émeraude, guidés par une étoile dont la riche couleur est celle du sang versé par nos soldats sur tous les points du globe pour la foi religieuse, pour la civilisation, pour la liberté, pour toutes les idées élevées, sublimes, qui germent si facilement dans le sol fécond de notre beau pays de France. Vivant dans un milieu où règne au plus haut degré l'esprit de sacrifice, nous croyons à la grandeur de l'âme humaine et, comme le poète, jusqu'à l'extrême vieillesse, nous gardons fidèlement cette douce illusion. »

Oui, certes, il faut bien vraiment que l'homme qui, de gaieté de cœur, s'offre aux balles ennemies et trouve encore le moyen, même blessé, de voler de l'un à l'autre, de défendre et de sauver le drapeau, il faut bien qu'il porte en lui cette flamme sacrée que, seules, entretiennent en elles les grandes âmes.

Le R. P. Monsabré, dans une conférence à Notre-Dame sur le drapeau, s'écriait dans une de ces envolées qui lui étaient familières :

« Il se lève, on se lève avec lui; il marche, on le suit; il s'agite dans la mêlée, on l'entoure, on le défend au péril de sa vie. Les sabres, les balles, la mitraille se disputent ses lambeaux. Ce n'est plus qu'une guenille abreuvée de gloire, les tambours battent, les soldats présentent les armes... »

Il n'y a pas longtemps, c'était à Saint-Mihiel, le colonel d'un des régiments d'infanterie présentait aux jeunes troupiers le drapeau du corps et, chose toute nouvelle, mais qu'on ne saurait trop louer, les élèves du collège et ceux des écoles communales étaient présents à la cérémonie. Ils entendirent, par conséquent, les belles et patriotiques paroles du colonel expliquant aux soldats nouveaux venus les hauts faits d'armes inscrits en lettres d'or sur les plis du drapeau et leurs jeunes imaginations reçurent par là même une merveilleuse leçon de choses.

Sait-on qu'au Musée de l'armée, dans la nouvelle salle consacrée aux vieux et sacrés oriflammes, vestiges d'un glorieux passé, une pancarte à l'entrée de la salle porte ces mots : « On est prié de se découvrir dans la salle des drapeaux. »

C'est qu'en effet ces vénérables pavillons, dont quelques-uns ne sont plus que des loques, cachent dans leurs plis de glorieuses pages de notre histoire nationale. Il y a là toute une épopée splendide : il y en a, de ces drapeaux, de noircis par les ans; il y en a de troués par les balles ennemies, de déchirés, même de déchiquetés, de réduits en haillons, rappelant à ceux qui les contemplent combien ils ont été chèrement disputés. Il y en a, enfin, qui portent encore des taches de sang, et ce sang, c'est le sang des nôtres, de ceux qui ont préféré mourir que d'abandonner leur pavillon. Ah! comme ils en disent long et comme ils seraient éloquents, s'ils pouvaient parler, ces étendards devant lesquels tout homme doit se découvrir comme devant la Patrie elle-même.

C'est qu'en effet c'est bien elle qu'ils symbolisent, et c'est si vrai que, pour l'exilé, par exemple, le drapeau de son pays, c'est son pays lui-même. Le soldat qui le regarde voit dans ses plis le clocher de son village, la fumée qui s'échappe du foyer domestique, le cimetière où reposent ses morts, le petit coin berceau de son enfance, le sourire de sa promise : tout cela et mille autres choses encore se mirent dans ses couleurs. C'est pour lui, c'est pour le drapeau que tombent, journellement, tant d'héroïques enfants de la France, heureux si quelques éclaboussures de leur sang, jeune et vigoureux, viennent à jaillir sur lui.

J'ai nommé le Musée de l'armée. J'ai parlé des nobles étendards qu'il abrite. J'ai dit que quelques-uns n'étaient plus que des loques, loques glorieuses, il est vrai, haillons que l'on voudrait baiser et devant lesquels tout homme de cœur ne peut que s'incliner très bas.

Parmi ces drapeaux, tout chargés de poignants souvenirs, comment ne pas citer ici cet oriflamme d'occasion, formé d'une couverture de cheval bleue, d'une chemise blanche, et d'une ceinture rouge de tirailleur, qui eut l'insigne honneur de rallier nos troupes un certain jour de janvier 1913, autour de la forteresse de Dar-Anflous, au Maroc? Hissé sur la kasbah, il marqua la prise de possession, par les Français, de ce coin du Maroc et, tout primitif qu'il était, il reçut les honneurs de nos petits soldats. Il avait bien mérité, certes, d'avoir sa place au milieu des glorieux trophées du Musée des Invalides. C'est là que le général Franchet d'Esperey l'a déposé. Il n'y fera pas triste figure à côté des étendards frangés d'or que l'on y admire. Lui aussi, à une heure solennelle entre toutes, a marqué l'une de nos conquêtes et signalé l'une de nos victoires. Devant lui les clairons ont sonné, les tambours ont battu aux champs, les troupes ont défilé et les cœurs ont frissonné. Ainsi cet étendard d'emprunt, fait de simples oripeaux, a été salué, acclamé par nos soldats, pour lesquels, en une minute glorieuse, il symbolisait la Patrie.

Elles brillent devant moi ensanglantées, enflammées, toutes scintillantes de gloire, ces pages toutes remplies des hauts faits et des prouesses de nos troupiers. Elles passent et repassent devant mon esprit ébloui, ces figures de soldats intrépides jusqu'au moment suprême, comme par exemple celle de ce commandant Roumens qui, blessé à mort, se dresse tant qu'il peut sur son cheval, si droit et si beau qu'il fait, à ce moment-là même, l'admiration de ses tirailleurs. Soudain, pourtant, il pâlit, et comme le sergent-major Tomot lui demande s'il est blessé :

« Il y a une demi-heure que j'ai une balle dans le ventre, mais il ne faut pas le dire. »

Et, pendant une heure encore, le commandant reste à la tête de ses hommes, maîtrisant la douleur et refusant de s'avouer hors de combat.

N'est-il pas plus que touchant, le fait de cette ordonnance, de ce modeste soldat qui, lorsque son officier tomba mort, ne voulut pas abandonner son corps et le défendit avec un courage héroïque, brûlant toutes les cartouches de son fusil jusqu'à ce que lui-même, frappé au cœur, s'abattît sur le sol, à côté de celui dont il avait si vaillamment protégé la noble dépouille?

Au combat de Mekila, le capitaine Doreau, atteint d'une balle en pleine poitrine, venait de tomber, ainsi que le lieutenant Grosjean, blessé également. Immédiatement les Marocains se précipitent sur ce dernier pour l'achever et emporter son corps, mais alors surgit le sergent Panter qui, avec quelques légionnaires, se porte au secours de son officier. Il le traîne par la main, celui-ci ne pouvant se soulever, tandis que ses camarades font le feu.

Soudain une balle frappe la main du sergent et celle du lieutenant, enlevant le pouce du premier et deux doigts du second. Alors, dans un élan superbe, Panter, de sa main dont le sang ruisselle, change son arme de bras et, prenant de l'autre celle de son officier, il le tire et l'entraîne en dehors des ennemis acharnés qui l'entourent.

C'était pendant la guerre du Tonkin. Le brigadier Benoît, des pontonniers d'Angers, parti là-bas sur sa demande, resta vingt-sept mois sans se coucher dans un lit, vivant continuellement sur l'eau et dans l'eau, n'ayant pour tout logement qu'une jungle, et chargé, durant tout son temps de service, de ravitailler les différents postes disséminés le long des rapides. Toujours exposé aux balles des pirates, luttant souvent avec eux corps à corps, n'ayant pour se garer de leurs projectiles que la ressource de se jeter à l'eau, le brave pontonnier continua ses fonctions dangereuses jusqu'au bout de son temps de service. Un certain jour qu'il s'agissait de ravitailler des postes particulièrement périlleux, la petite troupe qu'il dirigeait ne se composant que de neuf hommes, le brigadier demanda à son chef de lui donner quelques soldats de plus. Ce à quoi le commandant, les larmes dans les yeux, lui répondit :

« Plus j'en enverrai, plus j'en condamnerai à la mort. »

Sur neuf partis, huit furent blessés, mais tous, grâce à l'énergie de Benoît, revinrent au point de départ. Lorsque leur officier les revit, le brave homme, ne pouvant contenir son émotion, les embrassa tous.

Que de jolis mots seraient à citer, saisis sur les lèvres de ces vaillants, à l'instant où, comprenant qu'ils sont mortellement atteints, ils éprouvent le besoin d'exciter encore une fois leurs hommes et de ranimer leur courage, un moment ébranlé par leur chute.

C'est l'explorateur Baud, qui, attaqué par les Maures, avec une poignée de tirailleurs, est atteint par une flèche et lance à ses compagnons cette magnifique apostrophe :

« En avant, à la baïonnette !... Et ne vous occupez pas de moi ! »

Grâce à Dieu, relevé par ses hommes, il survécut à ses blessures.

C'est le maréchal des logis Ben-Daoud, fils du colonel Ben-Daoud, tué à l'ennemi, le 2 décembre 1900, au combat d'Anoval, et qui, sous les yeux de son père, au plein milieu de la bataille, tombe en s'écriant : « Je meurs pour la France! »

C'est encore le légionnaire Guy qui, recevant une balle en pleine poitrine, expire dans les bras de son officier en s'écriant :

« Pour la France, mon capitaine. »

Au même instant, son chef, le capitaine Maury, était lui-même blessé au poignet. Ceci se passait au fameux combat de Menabla, en 1908, combat où nos troupes eurent à essuyer une agression terrible des Marocains. Ceux-ci s'étaient avancés, sans bruit et en rampant, jusqu'au milieu du camp français. Ce fut alors la lutte corps à corps dans toute son horreur. Sortant de sa tente, le lieutenant Saunier se trouva nez à nez avec un Arabe qu'il abattit d'un coup de revolver. Deux pas plus loin, il en aperçut un autre qui visait un de ses hommes. Il le tua également. Quelques secondes plus tard, le lieutenant avait le cuir chevelu entaillé par une balle marocaine.

C'est encore là qu'à la tête d'une poignée d'hommes, cinquante seulement contre trois cents Marocains, le capitaine Maury eut l'honneur d'enlever une position dont les ennemis s'étaient emparés et d'où ils tiraient sans cesse sur les nôtres. Vingt de nos soldats tombèrent; les autres, en se couchant à terre, purent arriver à se préserver des balles dirigées contre eux.

Lorsque le capitaine Maury rentra au camp après la fuite complète des Marocains, le colonel Pierron l'accueillit par ces mots, qui durent aller au cœur du vaillant soldat :

« Capitaine, vous avez sauvé la colonne! »

Ceci se passait dans l'extrême sud algérien, près de Colonn-Béchar. Les Français ont creusé un puits à cet endroit et on l'a nommé : le puits Maury.

Écoutez maintenant ce marin, — toujours dans la guerre du Maroc, — qui, tapi dans un fossé, salue galamment, à la française, les balles meurtrières qui passent au-dessus de sa tête, en disant à chacune d'elles :

« Bonjour, mademoiselle! »

Ce « bonjour, mademoiselle! » que de fois nos vaillants soldats l'ont dit à l'heure suprême du danger, trouvant, même alors, dans leur bonne humeur inlassable, un réconfort en cet instant terrible.

N'était-ce pas ce même sentiment de chevaleresque bravoure que déjà, en 1870, nous trouvons sur les lèvres d'une jeune fille de Colmar, Mlle Antoinette Lise?

Elle commandait, pendant la guerre, une compagnie franche des Vosges, et lorsqu'elle voyait le moral de ses mobiles près de faiblir, elle les ralliait autour d'elle par des paroles comme celle-ci :

« Debout! debout! les Français doivent saluer très haut les balles prussiennes. »

L'héroïsme français, tant de fois constaté pendant l'année terrible, fleurit toujours parmi nous. Notre guerre du Maroc, par exemple, suscite chaque jour des dévouements sublimes qu'il est malheureusement impossible de noter et de retenir comme il le faudrait. Là-bas, sur la terre africaine, le sang de nos soldats rougit les chemins et fait flamboyer la brousse. Les feuilles publiques, il est vrai, nous apportent les noms de ceux qui tombent, fauchés par la mort; mais combien, parce que nous ne les connaissons pas, qui laissent nos cœurs froids et nos esprits distraits! Pourtant les deuils succèdent aux deuils! Dans le petit cimetière de Bar-Beida, à Meknès, quatre-vingt-quatorze tertres surmontés d'une croix rappellent au passant que quatre-vingt-quatorze enfants de la France dorment là de leur dernier sommeil. Parmi ceux-là beaucoup sont des ignorés, des petits soldats d'un sou, de simples pioupious, qui, chez eux, peut-être, auraient fait des citoyens sans nom, sans gloire, mais qui, sous les plis du drapeau, ont été comme transfigurés, retrouvant l'instinct de bravoure de la race, et payant de leur vie leur amour — né d'hier — pour la Patrie.

Lisez cette lettre qu'un ancien orphelin d'Auteuil, soldat au Maroc, Georges Max, écrivait au directeur de cette œuvre splendide qui prend les enfants délaissés, vagabonds, apprentis du mal, bien souvent, et qui les élève, les surélève, si je puis ainsi parler, et en fait des héros comme celu dont je parle ici.

« Nous nous sommes battus jeudi dernier, de 6 heures du matin à 3 heures du soir. Nous avons eu vingt-deux blessés et quatorze tués. J'ai été cité à l'ordre du jour pour avoir enlevé un Sénégalais blessé d'une balle au ventre que ses compagnons avaient abandonné.

« Je l'ai mis sur mon dos et j'ai dévalé un grand ravin de huit cents mètres, à la barbe et sous les balles des Marocains[1]. »

Nos petits soldats, voulez-vous maintenant savoir ce qu'ils sont chez nous, sur notre sol de France, et quels beaux sentiments les animent? Écoutez ce trait :

[1] *France illustrée* du 1er mars 1913, Œuvre des apprentis orphelins d'Auteuil.

Un soldat alsacien, en garnison à Belfort, et dont les parents habitent un village du pays annexé, demande une permission qui lui est accordée. A l'expiration de ce congé, le capitaine rencontre, dans une rue de Belfort, son subor-

« Je l'ai mis sur mon dos et j'ai dévalé un grand ravin. »

donné en civil. L'homme tente de se dérober, mais l'officier le rejoint.

« Pourquoi êtes-vous en civil? »

L'homme, confus, rougit et répond :

« J'ai été de l'autre côté de la frontière voir mes parents. » Et, déboutonnant son manteau et son veston, il ajouta : « Mais j'ai gardé mon uniforme. Mon vieux père voulait voir son fils sous la tunique qu'il a portée jadis, pendant ses campagnes. »

N'est-ce pas que c'est beau?

Voici un autre fait plus récent. Il s'est encore passé sur notre territoire.

C'était à Tarbes, au cours des manœuvres exécutées par le 10e hussard. Le cavalier Conget, engagé depuis trois mois seulement, avait été chargé d'un message important par son capitaine. Il y avait quelques minutes qu'il chevauchait lorsqu'il tomba au milieu d'un groupe de fantassins du parti ennemi. Entouré, cerné, le soldat entrevit qu'il allait être fait prisonnier et, ne pouvant leur échapper qu'en se jetant dans l'Adour, il se lança, avec sa monture, dans la rivière dont le courant est fort rapide. Malheureusement, à cet endroit, se trouve un véritable gouffre. Le cheval perdit pied et entraîna avec lui son cavalier.

Le capitaine Husson de Sampigny, témoin du courage du brave Conget, s'élança sur le bord de la rivière, criant à l'homme : « Ne traversez pas! revenez à la berge! » Mais il était trop tard, Conget, victime de la consigne, qui veut qu'en cas de guerre un soldat sacrifie sa vie pour exécuter un ordre, coula et ne reparut plus.

Sans hésiter un instant, tout équipé, sans même savoir bien nager, le capitaine de Sampigny entra à son tour dans la rivière, se portant au secours de son subordonné. Hélas! il ne devait pas retrouver le corps du courageux hussard et lui ne dut peut-être son salut qu'à l'intervention de ses hommes qui se jetèrent à l'eau pour sauver leur officier et éviter ainsi un second malheur.

Revenons en Afrique.

J'ai parlé tout à l'heure du petit cimetière de Meknès où reposent certains des nôtres. Grâce à *l'Œuvre des tombes,* ce champ des morts est un petit coin fleuri, aux allées sablées, et dominé par une colonne brisée, dont le piédestal porte, avec les noms des défunts, les belles paroles que prononçait un jour le général Lyautey, parlant de ceux qui sont tombés, là-bas, pour la France :

« Quand vous recueillerez une moisson, sachez qu'il n'y a pas un épi, pas une gerbe, qui ne soit fécondée par le sang de nos soldats. »

Hélas ! ce sang coule toujours, il coule à flots. Voilà que de nouveaux noms, en effet, viennent s'ajouter au glorieux martyrologe, et cela mois par mois, semaine par semaine, presque jour par jour. Merello ! Yves le Moigne ! pour n'en citer que deux. Ces noms éclatent, jaillissent, étincellent. En les inscrivant ici même, une sorte de vision glorieuse, mais sanglante aussi, passe devant mes yeux. C'est que j'ai là, sous la main, des lettres de ceux qui les aimaient ; c'est que leur mort est d'hier et que, dans les feuilles qui s'étalent devant moi, je lis entre les lignes, je vois la trace des larmes et je perçois le bruit sourd des sanglots. C'est enfin qu'à travers l'espace je saisis l'étreinte et l'angoisse des cœurs déchirés, le brisement des âmes et l'affolement, ou plutôt non, la stupeur des êtres qui restent, qui survivent et qui jamais plus n'appliqueront leurs lèvres de pères, de mères, d'amis, sur ces fronts où pourtant, en un instant suprême, les lauriers se posèrent.

C'est aussi qu'il me semble entendre le cliquetis de leurs armes, la détonation des balles de leurs revolvers et de leurs carabines. Je distingue le scintillement de leurs sabres. Je vois par la pensée, dans l'ardeur de la lutte, ces deux guerriers, ces deux vaillants, tirant à droite, tirant à gauche, luttant, pourfendant, puis, soudain, touchés en plein combat, face à l'ennemi. C'est ainsi qu'ils sont tombés, l'un, le lieutenant Merrello, le 10 mars 1913, au cours d'une action livrée à Oued-Tagbiat, Mauritanie ; l'autre, Yves Le Moigne, maréchal des logis fourrier, le 25 mars de la même année, à celui d'El-Hadjeb, Maroc.

L'un avait trente ans, l'autre vingt-cinq. Tous deux avaient choisi l'armée coloniale. Tous deux rêvaient la vie aventureuse et hardie des camps. Tous deux avaient quitté la France pour courir après la gloire, espérant bien rencontrer la noble dame à un détour de chemin et chevaucher en sa compagnie. Tous deux la trouvèrent, en effet, sur leur route, mais à quel prix !

Le lieutenant Merello, de l'infanterie coloniale, était le fils d'un officier de marine en retraite et actuellement fixé à Nice.

Le jeune officier, après avoir fait toutes ses études à Toulon, se prépara à Saint-Cyr où il se plaça de suite dans un très bon rang. Ses notes d'ailleurs portaient toujours cette mention :

« Élève travailleur et discipliné ; possède l'étoffe d'un officier d'avenir. »

A vingt et un ans, il était nommé sous-lieutenant et choisissait l'armée coloniale. Il passa les années 1905 et 1906 à Madagascar, près du général Galliéni, l'ami intime de son père. Rentré en France en 1907, les échos de la superbe campagne que le colonel Gouraud menait en Mauritanie arrivent jusqu'à lui. Il sollicite la faveur de partir pour cette colonie. Il s'embarque le 29 avril 1912. Il ne devait plus revoir la France !

C'est le général Galliéni lui-même qui, en raison de la

grande amitié qui, depuis si longtemps, l'unit à M. Merello, tint à honneur de lui adresser le rapport du lieutenant-colonel Mouret, commandant militaire de la Mauritanie, sur la mort si brave et si française du lieutenant Merello.

Voici la copie de la lettre du général Galliéni :

« Mon cher Merello,

« Rentré à Paris hier, venant de manœuvre, j'ai trouvé le rapport du colonel Mouret que j'avais demandé au ministère. Je m'empresse de vous l'adresser. Votre fils est mort en brave soldat et vous devez être fier des témoignages portés sur son compte par ses chefs.

« J'ai écrit au colonel Mouret pour voir s'il sera possible de faire transporter le corps. Ce sera, je le sais par expérience dans mes campagnes coloniales, une opération laborieuse, mais soyez certain qu'on fera ce qu'on pourra. Vous avez dû adresser une demande officielle au ministre des Colonies.

« Sentiments bien affectueux.

« Signé : GALLIÉNI. »

Voici enfin des extraits du rapport même du colonel Mouret.

Au nom de tous ceux qui liront ici cette émouvante page, je remercie profondément M. Merello, le père du jeune héros, d'avoir bien voulu me communiquer la copie de ce précieux document, au lendemain même du jour où il venait de le recevoir et à l'heure même aussi où s'achevait et se fermait ce livre.

« Le 10 janvier, un de nos détachements méharistes

avait été surpris à Liboirat par un fort parti de dissidents venus du nord. Cette surprise avait coûté la vie à un officier, à trois sous-officiers et à un certain nombre de tirailleurs et de gardes méharistes dont une partie appartenait à la section du lieutenant Merello, absent ce jour-là en mission.

« Le 9 février, un détachement partait dans la direction Nord à la recherche des groupes ennemis, auteurs de cette surprise, pour les disperser et les châtier. Le lieutenant Merello, avec sa section, faisait partie de ce détachement. Sa satisfaction de prendre part à ces opérations était extrême.

« En dehors de ces qualités d'entrain, de vigueur, d'activité et de courage qu'il aurait l'occasion de montrer, il le sentait, au cours de cette mission, il était heureux à la pensée de venger ses morts du 10 janvier.

« ... Le combat fut, dès le début, d'une violence extrême sous une fusillade intense. La section Merello était chargée de l'attaque sur notre gauche.

« ... Cette section avait pris comme direction une sorte de banquette de rochers où se tenait l'extrême droite de la ligne ennemie. Avec un élan admirable, arrivée à cinquante mètres sans avoir été vue par la sentinelle ennemie, toute la section, derrière son lieutenant, avait bondi, baïonnette au canon, sur cette position. Mais l'ennemi qui s'y trouvait possédait un moral peu commun. Il ne fléchit pas sous cette brusque irruption et le combat s'engage aussitôt sur place, à bout portant.

« Voyant qu'il ne pouvait progresser rapidement en avant, Merello voulut alors se dégager et entreprendre le mouvement nettement débordant indiqué. Il se lève et, à son commandement, une demi-section se lève aussi et le suit. Mais ce mouvement, effectué à découvert à quelques mètres de l'ennemi, fut fatal à notre malheureux camarade. Une balle l'étend sans vie au moment où il disparaissait avec quelques

Mort du lieutenant Merello.

hommes en arrière de la demi-section qui était restée en position.

« Quelques-uns de ses tirailleurs et de ses gardes ne

l'avaient pas suivi exactement et s'étaient repliés sur une ligne jalonnée par des touffes d'arbres et d'herbes. Ces hommes, qui furent aussitôt rejoints par le capitaine accompagné de quelques soldats, n'avaient pas vu tomber le lieutenant, et des blessés qui vinrent se faire panser à la réserve me dirent que Merello se trouvait à la demi-section toujours en position.

« Ce n'est que plus tard que j'appris la mort du lieutenant Merello, alors que l'issue du combat commençait à se dessiner.

« Il était en brave, à quelques pas de la banquette qu'il avait résolu de quitter, comme toujours, le premier devant sa troupe. Sa mort, d'après nos constatations, avait dû être instantanée, et l'ennemi ne put s'emparer de sa dépouille que nous ramenâmes à la place occupée par la réserve.

« Une tombe fut creusée et les honneurs militaires furent rendus à notre regretté ami, le seul Français que nous avions la douleur d'avoir perdu ce jour-là et de laisser sur cette place dont sa mort avait contribué à nous faire rester les maîtres. En raison de la grande distance qui nous séparait des points où nos troupes se rendent dans leurs tournées habituelles, il ne fallait pas songer, hélas! à transporter son corps. Nous l'avons donc enterré sur les lieux mêmes du combat où, sentinelle avancée, il jalonnera la limite du territoire français.

« En ces quelques mots, autant que mon émotion cruelle et profonde, partagée de tous, me permit de le faire, je dis un dernier adieu à notre pauvre camarade.

« Merello a eu la belle mort du soldat. Il est tombé en héros, faisant preuve d'une bravoure et d'un mépris du danger absolu. Je n'oublierai jamais la satisfaction intense et le joyeux sourire avec lesquels, venant me rendre compte, pendant la nuit, des rapports de ses patrouilles, il avait accueilli l'indication de la mission que je comptais lui confier au matin. J'étais loin de me douter, à ce moment, que cette mission lui serait si funeste.

« Du moins n'a-t-il pas souffert, et l'admirable exemple de courage qu'il a donné ne sera pas perdu pour nous. Notre succès nous a vengés de sa mort, et toute occasion nouvelle de la venger plus complètement qui se présenterait, on peut être assuré que nos troupes ne la laisseront pas échapper. Je serais personnellement heureux d'être présent en pareille circonstance.

« Signé : MOURET. »

M. Merello, le père du jeune lieutenant, a bien voulu me faire hommage d'un document précieux dont je suis heureux de lui témoigner ici, à nouveau, ma profonde reconnaissance. C'est la reproduction d'un trophée splendide élevé, par lui, à la mémoire de son fils où tout ce qui le concerne se trouve pieusement et harmonieusement groupé. On y peut voir son portrait, alors qu'il n'était encore qu'un adolescent, sa médaille coloniale, gagnée à Madagascar, puis toutes les pièces et rapports officiels relatant les circonstances de sa mort, les extraits de journaux publiés à cette époque à son sujet, etc. A l'un des côtés du cadre renfermant tous ces souvenirs pend le sabre de l'officier, ce sabre qui tant de fois se leva pour l'honneur de la France et la garde du drapeau. Voici ses épaulettes, sa dragonne et enfin sa photographie, en tenue de saint-cyrien. Près de lui se trouve M. Merello, en uniforme d'officier de marine. Et devant ces deux physionomies, celle du père et celle du fils, le cœur se serre d'une douloureuse et poignante émotion en songeant à celui qui est parti, alors que la Gloire allait poser ses lauriers sur son front. *Sursum corda!*

Mais, parmi toutes les reliques précieusement rassemblées dans ce cadre, il en est une surtout que je m'en voudrais de ne pas mentionner : c'est le guidon des méharistes, qu'au moment de sa mort commandait le lieutenant Merello. De larges taches de sang s'étalent sur le blanc de l'étoffe et ce sang c'est le sien, c'est celui de l'officier qui, lorsque la balle ennemie pénétra dans sa poitrine, jaillit, vermeil et pur, sur le fanion de sa section, comme pour parler encore de lui à ceux qui le pleurent aujourd'hui.

Le cadre est surmonté d'un écusson portant ces simples mots : *Pro patria.*

C'est bien pour la patrie, en effet, que le lieutenant Merello avait, tout jeune officier, quitté le foyer paternel. C'est pour elle qu'il avait passé les mers, pour elle qu'il avait combattu, pour elle, enfin, qu'il est mort!

Dulce et decorum est pro patria mori [1].

Quant à Yves Le Moigne, à dix-huit ans, il contractait un engagement au 1er chasseurs à cheval, à Châteaudun. Rapidement il parvint au grade de maréchal des logis. En 1909, ses quatre ans touchant à leur fin, il ne voulut point abandonner la carrière dans laquelle il s'était lancé. Rêvant de glorieux faits d'armes, il rendit ses galons et réengagea comme brigadier au 3e spahis, à Batna. Survint l'expédition du Maroc; il partit et chevaucha dans la brousse, avec l'entrain et l'enthousiasme de ses vingt-trois ans.

« Peut être, écrivait-il alors, y aura-t-il de la casse? »

[1] Il est doux et beau de mourir pour la patrie. Vers d'Horace (*Odes*, III, II, 13).

Mais la casse ne lui faisait pas peur. Qu'on en juge plutôt par ces phrases, on pourrait dire écrites en traits de feu, sur des cartes postales envoyées aux siens.

Je copie fidèlement ces précieux documents.

« L'escadron à la charge! — le mien! »

Sur une autre :

« En avant! »

Tout son caractère se peint dans ces lignes.

Voici le contenu de l'avant-dernier message. Cette carte porte la date postale de mars 1913, or c'est le 25 de ce même mois qu'il était tué.

« Ça va, ça chauffe, et l'on y va! »

« Hamd houlla — que Dieu soit béni! »

Il m'a été donné de lire les lettres que le capitaine et le lieutenant de Le Moigne ont écrites à son père immédiatement après la mort du jeune cavalier, et le cœur se prend d'une indicible émotion, et les larmes montent et remplissent les yeux en parcourant ces pages toutes pleines d'estime et toutes chaudes d'affection pour le brillant sous-officier.

Voici un passage de la lettre de son lieutenant :

« Votre fils, monsieur, est mort en brave, face à l'ennemi; il est mort en accomplissant son devoir de soldat; nous le pleurons, nous ses chefs, parce qu'il était un excellent sous-officier, et ses camarades, parce qu'il était pour eux un ami dévoué... »

Voici maintenant un extrait de la lettre même du capitaine de Le Moigne :

« La fatalité a voulu qu'à la première journée, vers 3 heures de l'après-midi, le groupe de gauche que son peloton de cavalerie couvrait ait été accroché par les Marocains. Plein d'entrain, Le Moigne avait pris la carabine d'un spahi qui tenait les chevaux, et il faisait, lui aussi, le coup de feu; une balle est venue le frapper au ventre. Il est tombé dans les bras d'un camarade et on l'a transporté à l'ambulance. De suite le médecin perdit espoir. Il y avait hémorragie interne, l'intestin était perforé... Depuis son corps a été ramené, mis en bière et inhumé aux portes d'Hel-Hadjeb, au milieu d'autres tombes glorieuses. »

Et maintenant je voudrais parler des pages magnifiques du livre *A travers l'Afrique* du lieutenant-colonel Baratier. Il faudrait tout citer de cet ouvrage saisissant, empoignant. Avec les *Épopées africaines* du même auteur, il forme comme un trophée splendide élevé en l'honneur de la France, puisque la plupart des héros dont il s'agit sont nés sur son sol ou luttent et combattent pour elle. Chaque feuillet retrace un trait de bravoure, comme par exemple celui de la mort du lieutenant Chauvigné, cet officier qui succomba, un contre dix, dans un guet-apens formé par les Touaregs. Il faut lire et relire ces pages pour comprendre jusqu'où peut aller l'endurance de nos soldats coloniaux, mourant les uns après les autres, victimes de leur dévouement pour leurs chefs, ou bien encore succombant bien souvent, minés par la terrible fièvre jaune.

La fièvre jaune! « Le *vomito negro,* dont le nom seul terrifie! » Et la piqûre affolante et mortelle des abeilles en grappes, se ruant sur la tête des hommes, envahissant leurs cheveux, leur barbe, s'engouffrant dans leurs bouches, voilant leurs yeux et plongeant leurs dards autour du cou, sur les poignets.

Et les herbes, les grandes, les hautes herbes formant comme un vaste filet d'où l'on ne peut s'arracher, paralysant la marche et jusqu'aux moindres mouvements. Faut-il enfin parler de l'affreux siroco, l'effroi des hommes, et, pour d'autres parties de l'Afrique, du nom moins terrible simoun?

Comme on le voit, il n'y a pas que la mort sanglante, en plein champ de bataille, qui vient décimer les rangs de nos soldats et en faire de glorieuses victimes. Il y a aussi la mort lente et horrible, la mort accidentelle due au climat, à la configuration du sol, aux dangers de toutes sortes qui guettent et entourent les nôtres, presque à chacun de leurs pas.

Revenons maintenant aux faits essentiellement tragiques, aux morts « à la française », si je puis ainsi parler, faits relatés d'une façon si émouvante par le colonel Baratier.

Il s'agit du lieutenant de spahis Belleville.

Désigné avec d'autres officiers pour diriger un convoi de ravitaillement, il avait été surpris, à la tête de ses hommes, par un détachement ennemi :

« Les Sofas sont en tirailleurs, ils dessinent une ligne jalonnée par de petites fumées blanches qui, à larges intervalles, s'envolent au-dessus des herbes. En un instant les spahis sont sur eux.

« — Chargez! »

« Les bouches se fendent dans un rire joyeux et répètent

le cri; les sabres s'allongent, chacun fond sur l'ennemi à travers les buissons et les arbres dont la brousse est parsemée. Au premier rang, droit devant lui, Belleville, le bras tendu, bondit sur un Sofa qui l'a mis en joue. L'homme ne bronche pas, il vise au cœur, tire à cinq pas et Belleville tombe foudroyé.

« Avec un hurlement de triomphe, les Sofas se précipitent pour s'emparer du corps, mais entre eux et l'officier il y a les spahis.

« Autour du cadavre de leur chef, tous se sont ralliés. Comme des vagues furieuses rejetant ceux qui veulent les franchir, ils s'élancent, refluent, repartent, reviennent à leur point de ralliement, à ce corps dont la bouche ne peut plus s'ouvrir pour leur crier : Sauvez-vous!

« ... Quand un chef tombe, un autre le remplace. Le maréchal des logis, indigène, a pris le commandement; mais dire : « En retraite! » Abandonner son officier! Jamais! « Va prévenir, » ordonne-t-il simplement à un des spahis; et il continue à charger.

« Aux appels des Sofas, de toutes parts d'autres ennemis ont surgi qui entourent les défenseurs du mort. Les vagues sont maintenant un tourbillon qui trace un cercle de fer autour du lieutenant. Les Sofas n'osent plus avancer; ces hommes dont les forces s'épuisent seront bientôt à eux; ils les tirent au vol. Le nombre des blessés augmente. Les ennemis se resserrent.

« Soudain des cris perçants retentissent. Au loin la brousse ondule; des baïonnettes jettent des éclairs. La compagnie d'arrière-garde, enfin avertie, accourt, se précipite.

« Alors seulement les spahis s'arrêtent, mettent pied à terre, s'approchent de leur officier sur lequel ils se seraient fait tuer, mais qu'ils n'auraient pas laissé prendre; et Belleville qui riait à la mort, en chargeant, sourit aux braves penchés sur lui pour le relever[1]. »

Plus tard, repassant devant la tombe du lieutenant Belleville, sur laquelle, pieusement, nos soldats ont planté la croix, le colonel Baratier remarque que sur ce petit coin de terre où repose un héros français *une petite fleur a poussé*. « Je l'ai cueillie, ajoute-t-il, et je l'ai envoyée à sa mère. »

Fleur du sacrifice et fleur de l'espérance, placée là par le Dieu des armées pour remplacer les gerbes absentes et les parfums de roses qu'une main maternelle eût éprouvé tant de satisfaction à y déposer et à y entretenir. Sourire de la Providence à l'un de ses fils, tendrement aimés, à l'un de ces héros dont les noms ne se comptent plus, tombés pour la Patrie, les armes à la main, dans l'accomplissement du devoir.

Ici la délicatesse d'un chef et la prévenance d'un ami surent envoyer une fleur; une autre fois l'affection d'un frère sut obtenir la pointe du sabre du lieutenant Roze, pointe restée dans la poitrine d'un Beni-Snassen[2]. La fleur et le sabre brisé étaient pour les deux mères en deuil! Souvenir délicat et gracieux, relique ensanglantée mais combien précieuse, faisant passer devant les yeux des visions déchirantes, mais aimées et consolantes quand même.

Et ceci ramène en mon esprit l'impression poignante

[1] *A travers l'Afrique*, du colonel Baratier. Fayard, éditeur.

[2] C'est à la particulière bienveillance du général Lyautey que M. Roze dut de retrouver et d'obtenir la seconde partie du sabre de son frère, restée dans la poitrine d'un Beni-Snassen. Pour avoir cette pointe, on dut déterrer le cadavre du Marocain et l'arracher de dedans sa poitrine. Lavedan, de sa plume de maître, a, dans un article intitulé *la Pointe*, article paru dans l'*Écho de Paris*, retracé en lignes particulièrement émouvantes ce souvenir et ce fait.

ressentie un jour, il y a de cela peu d'années, — il me semble que c'était hier, — à la vue du dolman aux galons ternis par la poussière du sol où tomba Jacques Roze et de la culotte même que portait le jeune officier le jour et à l'instant de sa mort[1]. Elle était, par endroits, encore toute maculée du sang qui jaillit sur elle, sous le coup de l'horrible blessure. Je vois encore, en ma pensée, ces larges éclaboussures, ces grandes taches imprimées sur le drap garance, comme pour ajouter une note de plus au vermillon de l'étoffe. Il fait bon s'arrêter et méditer quelques instants devant une relique de cette sorte, l'esprit en sort moins léger et l'âme plus trempée.

J'ai nommé Roze! C'était un de ces officiers d'élite, vraiment beau sous l'uniforme et pour lequel l'avenir semblait riche en sourires et en promesses. Il aimait passionnément sa carrière de soldat et ne rêvait que belliqueuses chevauchées et glorieuses conquêtes. La main pieuse d'un frère a, dans des pages délicieuses, couronnées par l'Académie française, retracé le portrait de ce vaillant, mort en pleine jeunesse, à la tête de ses hommes qu'il entraînait à la charge. Charge superbe, héroïque, tant de fois désirée par lui, mais qui pour lui, hélas, devait être, ce jour-là, la charge suprême et dernière.

A ceux qui ne l'auraient pas encore lue et admirée, je livre cette page, émouvante entre toutes. Il s'agit du dernier combat.

« Cette fois ce fut une vraie charge, à plein galop, sur un ennemi qui ne pouvait pas s'échapper. Quarante cavaliers en tout, avec quatre officiers. En avant, le capitaine Guintini, Jacques, le lieutenant Bouet; à gauche, le

[1] 1907.

capitaine arabe Taghezout. Tous, sabre haut, criant à pleine voix : « Chargez! » En quelques secondes l'ennemi est atteint!

« Beaucoup de Marocains essaient de s'enfuir. D'autres s'abritent dans les buissons et font feu à deux ou trois mètres. Les spahis ralentissent, sautant dans les buissons, massacrant les tireurs. Ils ne veulent rien laisser derrière eux.

« Les officiers continuent. Ils sont loin devant leurs hommes, au milieu des ennemis qui font face ou se jettent de côté pour tirer.

« Jacques rayonne. Il sourit à son capitaine et à son camarade qui galopent, ardents, près de lui.

« Soudain son sabre étincelle. D'un coup de taille il coupe la main d'un Marocain; un autre, par un bond de côté, évite un coup de pointe qui l'atteint légèrement. Un troisième est touché en plein corps et si profondément que le sabre se brise.

« A ce moment trois balles atteignent Jacques. Deux traversent la cuisse. La troisième pénètre un peu plus haut, coupe l'artère fémorale, traverse le ventre, s'arrête dans la hanche gauche. Celle-là est mortelle.

« Tué net par la même décharge, le cheval s'effondre. Jacques roule à terre avec une telle violence que sa montre est brisée, les fermoirs de sa bourse écrasés. Malgré sa chute terrible, malgré ses trois blessures, Jacques se relève. Sa vigueur physique que soutient une incroyable force morale n'est pas encore éteinte... Il veut encore combattre... combattre, combattre jusqu'au bout.

« Son revolver en main, il marche vers un buisson d'où des Beni-Snassen, à quelques pas, tirent sur lui. Il n'est pas atteint, mais l'hémorragie effrayante l'épuise. Les derniers battements de son cœur chassent des flots de sang par l'affreuse blessure.

« Son sous-officier, le maréchal des logis Léger, passe. Il s'arrête et crie noblement : « Mon lieutenant, vous êtes « blessé ; prenez mon cheval. » Mais Jacques, d'une voix qui s'éteint, repousse l'offre. Il répond simplement : « Non, merci. « Allez ! »

« C'est fini. Ses artères sont vides. Tout son sang sur la terre a fait une tache rouge... Il chancelle, fait encore quelques pas, chancelle plus fort... Alors, sans tomber, il s'étend près d'un buisson et perd connaissance[1]. »

Pour nous qui avions connu le jeune et brillant officier, qui avons vu couler les larmes de sa mère, qui nous sommes mêlé à la foule respectueuse et recueillie qui fit à sa dépouille mortelle de grandioses obsèques, c'est le cœur serré d'une sincère émotion que nous ravivons ces souvenirs.

Combien d'autres sont tombés comme lui, en ces dernières années ? Combien ont rougi de leur sang la route glorieuse de nos conquêtes coloniales ? Combien de sueurs, combien de larmes, combien de vies, ne nous coûtent-ils pas, ces morceaux de terre sur lesquels sont hissés nos drapeaux ?

La ville de Tours fit à Roze des obsèques splendides, dignes du héros qui était son enfant. La conduite du cercueil à l'église métropolitaine et au cimetière fut plutôt une marche triomphale qu'un cortège funèbre. Sur tout le parcours de l'interminable défilé une foule sympathique formait une imposante haie. L'émotion étreignait les cœurs et les larmes voilaient les yeux !

[1] *Un officier*, par E. Roze. Plon-Nourrit, éditeurs.

Bien des discours furent prononcés sur la tombe du jeune officier. Il serait trop long de les reproduire ici, mais il en est un dont je ne puis ne pas citer ce passage; il est si beau et traduit si éloquemment les sentiments chevaleresques de notre armée française! Qu'on en juge plutôt.

Son revolver en main, il marcha vers un buisson.

C'est le lieutenant de Tricornot, du 12e régiment de hussards, en garnison à Gray, major de la promotion à laquelle appartenait J. Roze, qui parle. Il s'adresse à la mère de celui qui est mort et que tous pleurent à cette heure :

« Madame, il est le plus cruel de tous, le supplice que vous endurez à voir se creuser sous vos pieds la tombe de votre fils. Mais soyez vaillante. Dieu, qui est mort pour nous et dont la bonté est infinie, n'abandonne pas ceux qui meurent pour les autres. Votre fils est au ciel et bien placé, je m'en porte garant. Il semble même que la fête fut grande, quand son père, ému de tendresse et de fierté, vint le recevoir dans ses bras, aux portes de l'Éternité, et que tous les braves tombés au champ de bataille se rangèrent sur son passage pour lui faire la haie et lui porter les armes... » Et plus loin : « Adieu, cher Roze, que la terre te soit légère, et puisque Dieu t'a rallié aux chers disparus de la promotion, dis-leur bien que l'escadron galope toujours de la même foulée vers le même Idéal et que le mot d'ordre est toujours et de plus en plus :

« Vive la France! »

Lors de l'Exposition franco-britannique, à Londres, nos colonies de l'Algérie et du Maroc étaient représentées et la partie qui leur avait été dévolue était gardée par de superbes spahis, choisis parmi les plus beaux hommes de là-bas.

Un de nos compatriotes visitant l'Exposition, et remarquant que ces soldats appartenaient au même régiment que le lieutenant Roze, en avise un et le questionne. Au nom du valeureux officier, la physionomie du spahi s'éclaircit, ses yeux brillent.

« Si je l'ai connu! Mais, monsieur, j'y étais! J'étais à côté de lui quand il est mort, j'ai tout vu... »

Et le spahi d'appeler un de ses camarades, un autre grand gaillard qui, lui aussi, avait connu le lieutenant, et tous deux de parler de lui comme on parle d'un chef aimé, tellement aimé que sur le visage de l'un d'eux, sur ce visage tanné, bronzé par les ardeurs du soleil d'Afrique, vint à perler et tomber une grosse et douloureuse larme.

Voici maintenant que se dresse devant moi un autre brave. Il s'agit du lieutenant Adrien Holtz, mort à Fez, le 28 juin 1912. La mort ne vint point le saisir dans l'ivresse du combat. Il connut les tristesses de l'isolement à l'hôpital, les longs jours passés sur une couche douloureuse, miné par la fièvre et terrassé par le terrible typhus. Épuisé par les marches forcées, par les efforts donnés, il dut, au bout d'une indomptable énergie, abandonner sa colonne et renoncer héroïquement à cueillir, comme tant d'autres, sa feuille de laurier, les armes à la main.

En écrivant ces pages, j'ai devant les yeux les lettres que Mme Holtz, la mère du lieutenant Holtz, m'a fait l'honneur de m'écrire. C'est rempli d'une indicible émotion que je relis ces détails si touchants relatés par une mère, — par une mère qui n'a pas revu son fils, qui n'a même pas eu la consolation suprême de prier devant son cercueil[1]. Non, le sacrifice est complet, absolu, et c'est dans sa foi religieuse seule que la veuve du brave commandant Holtz, chef du génie à Bourg, doit chercher un adoucissement à sa douleur maternelle.

C'est par dévouement pour la France qu'Adrien Holtz avait demandé à passer dans la Légion étrangère. Là, en effet, où il y a péril, les braves légionnaires, dont l'intrépidité est proverbiale, marchent toujours en avant. Dans ce corps-là, on ne regarde pas à aller au feu. Les chefs, d'ailleurs, ont le secret d'entraîner merveilleusement leurs hommes. Déjà, l'un des frères du lieutenant s'était dis-

[1] L'inflexibilité du règlement ne permet pas de ramener le corps du lieutenant Holtz avant trois années.

tingué dans cette arme, si bien qu'à vingt-six ans seulement il avait déjà gagné la croix de la Légion d'honneur.

Comme on le voit ici, Mme Holtz peut être fière de ses enfants.

Durant le séjour que fit Adrien Holtz à l'hôpital de Fez, il recevait des visites de ses chefs et de ses camarades et par eux, comme un écho de la mitraille arrivait jusqu'à lui. C'était d'ailleurs justice, car dans une de ses dernières lettres, datée du 13 juin 1912 et adressée à sa mère, il écrivait :

« J'ai assisté ces temps derniers à deux cérémonies pour les soldats et les officiers tués dans les dernières rencontres, célébrées par le Père Capucin français avec lequel j'étais venu de Souk-el-Arba. Je le vois souvent à l'hôpital où je vais rendre visite à mes camarades, malades ou blessés. »

C'est avec des larmes dans les yeux que j'ai pris connaissance de la lettre si profondément émouvante que le général Lyautey écrivait à Mme Holtz, pour lui annoncer la mort de son fils. S'il est un réconfort pour une douleur aussi poignante que celle que dut ressentir la mère du jeune officier, à la lecture de cette lettre, c'est bien, il me semble, la pensée que son enfant ait pu mériter tant d'estime et tant de bienveillante affection de la part d'un homme comme le général Lyautey.

Je dois à l'extrême obligeance de Mlle C. Bock, parente du lieutenant Holtz, la belle pièce de vers composée par elle au lendemain même de la mort de l'officier. Ce morceau est absolument inédit, et puisque son auteur a bien voulu m'autoriser à le reproduire dans mon ouvrage, je n'hésite pas à en faire profiter ses lecteurs, ne doutant pas qu'ils ne prennent un véritable plaisir à savourer ces pages qui relatent si bien le douloureux événement

A Adrien Holtz de la 2me compagnie du 2me étranger.

Meknès, le vingt-huit mars... C'est un enchantement!
Sous les verts oliviers, voici le campement :
On voit tours et créneaux de Meknès la très grande
Se profiler au ciel, au ciel bleu de légende
Orientale, et les parfums d'arbres en fleurs
Arrivent jusqu'à nous, parfums ensorceleurs !
C'est le jardin de Bourg, avec ses espérances,
Pêchers, abricotiers, aux candides nuances,
Un rappel du passé !... puis les blancs orangers
Dont le vent vient semer les pétales légers
Et qui, parlant d'amour, font désirer la gloire !
Si j'étais décoré dans un jour de victoire !

Voilà le vingt-huit mars ce qu'écrit Adrien :

. . . .

Trois mois après, à Fez, onze heures, vingt-huit juin.
Les fleurs font place aux fruits ; les récoltes sont mûres,
Et le voici sans croix d'honneur et sans blessures !
Il est pâle, étendu, ses beaux yeux sont fermés.
Laissez-le reposer longtemps, vous qui l'aimez !
Ces trois mois ont connu d'épuisantes journées :
Le départ de Meknès, les marches ordonnées
Pour arriver à Fez, puis jour d'émotion
Quand il vient défiler devant sa section
De mitrailleuses, fier, plein d'espoirs énergiques,
Devant le général Lyautey ; puis les tragiques
Combats, pour soutenir l'impétueux assaut
Des ennemis grisés par l'air toujours plus chaud ;
Cette lutte angoissante aux tombeaux mérinides,
Le mamelon, la clef de Fez, pris aux perfides
Marocains, perdu, repris ! Toute la nuit
Du vingt-huit mai, le feu. Enfin quand le jour luit
Les cadavres tombés indiquent la déroute
Du Maroc ennemi. « Tenir, coûte qus coûte, »
Tel était l'ordre. « Eh bien, avait dit Adrien,
On y tiendra ! » Et ce fut vrai jusqu'au bout. Rien
Ne le rebuta, ni dans le vieux cimetière
Les tranchées à creuser sous l'ardente poussière,
Ni les nuits au sommeil troublé de coups de feu.
Il croyait au devoir, à la Patrie, à Dieu !!!

Les balles l'épargnaient. Il suivit la colonne
Gouraud, en pays montueux, que ne sillonne
Aucun arbre; pour vent, le sirocco, dix jours;
Un soleil implacable. Il résistait toujours,
Le lieutenant de la légion étrangère.

Mais le typhus vainquit, et ce fut en civière
Qu'on dut le ramener à Fez, à l'hôpital.
Et c'est là qu'il repose. Hélas, est-il plus mal?
Pourquoi donc pleurent-ils ses chers légionnaires?
On a cueilli des pousses, roses éphémères.
Elles fanent sur Adrien Holtz endormi.
Que Dieu bénisse ceux dont il était l'ami!

Hélas! sa mère, au loin, qui, ce jour-là, peut-être,
Avec ravissement, lit sa dernière lettre,
Ne sait pas que l'enfant qu'elle berçait jadis
A déjà retrouvé sa place au Paradis.
Ses frères et ses sœurs ignorent que leur frère
A vu briser l'essor de sa jeune carrière
En pleine connaissance et comme s'il était
La rançon du bonheur des autres qu'il aimait.

Le vingt-neuvième juin, à Fez, ce fut un jour de deuil;
Le service fut beau près du simple cercueil.
Le prêtre qui avait épuré sa souffrance
Offrit la sainte Messe; et parlant pour la France
Le général Lyautey, le général Brûlard
Et le lieutenant Rimk dirent toute la part
Que leur cœur avait prise à la triste épopée;
Et ceux dont ils guidaient le fusil et l'épée,
Les hommes qui l'avaient, disait-on, « adoré, »
Comme ils ne pouvaient pas parler, ont pleuré.
Ils ont encore cherché et des fleurs et des palmes,
Et tous faisaient mentir par leurs désespoirs calmes
Les parleurs ignorants qui cherchent à semer
Qu'un chef de Légion ne sait se faire aimer.

. . . .

Mais son corps est resté sur la terre étrangère,
Et celle qui n'a pas fermé ses yeux, sa mère,
Dans trois ans seulement priera sur son tombeau!
On ne peut accéder au désir grave et beau
De réunir le fils aux cendres de son père,

Le brave commandant au visage sévère,
Qui fut toujours aussi l'esclave du devoir.
Hélas! *Sursum corda!* Sachons garder l'espoir.
Bien d'autres sent tombés, là-bas. Honneur et gloire
A tous, frappés aux jours d'échec ou de victoire,
Ou par le mal ardent des heures de chaleur;
Morts rapides ou lentes et d'égale douleur,
Ils se sont immolés à la France chérie,
C'est la cendre des morts qui sauve la patrie!

CLÉMENCE BOCK.

5 août 1912.

J'ai déjà nommé les spahis, les tirailleurs, les légionnaires, pour ne parler que de nos troupes d'Afrique. Saluons en passant tous ces braves se jetant au feu, se dévouant à leurs chefs, s'exposant héroïquement au danger, sous quelque forme qu'il se présente, souriant enfin à la mort, lorsqu'elle survient, et cela sans une plainte, sans un regret!

C'est pour reconnaître tant d'abnégation, tant de services rendus, tant d'actes de bravoure accomplis, que tout dernièrement, c'est-à-dire à l'heure même où s'achevaient ces lignes, la croix de la Légion d'honneur était décernée au 1er régiment de tirailleurs sénégalais, représentant, en cette circonstance, l'arme tout entière. Rappelons à cette occasion que c'est Faidherbe qui, en 1853, créa les premières compagnies de Sénégalais.

Qui donc faut-il le plus admirer, des hommes ou de leurs chefs? de ceux qui risquent leur vie pour sauvegarder celle de leurs supérieurs ou de ces mêmes supérieurs entraînant leurs subordonnés, leur apprenant par un exemple de tous les jours et de tous les instants le vrai courage et donnant à tous le spectacle d'une endurance à toute épreuve et parfois même leur montrant, les larmes aux yeux, jusqu'où peut aller l'obéissance aveugle au devoir?

Ces jours angoissants et terribles où l'homme doit refouler au plus profond de son être les sentiments les plus nobles et les plus élevés, pour observer la consigne donnée, l'ordre brutal et ferme, le commandant Marchand les vécut, lui qui, venant de gagner à la France Fachoda, faisait à l'Anglais Kitchener, qui le menaçait des foudres britanniques, cette magnifique réponse :

« Nous nous ferons tuer ici jusqu'au dernier, mais nous n'évacuerons Fachoda que sur un ordre venu de Paris. »

Il vint, hélas, cet ordre néfaste! Elle sonna l'heure à jamais cruelle, pour un cœur de soldat, d'abandonner le poste conquis pour le laisser à d'autres. Sacrifice héroïque pour un homme comme Marchand, dont l'expédition avait pleinement réussi, atteignant le but fixé, et cela au prix de combien de périls et de difficultés?

D'autres que lui ont fixé par la plume les péripéties de cette odyssée glorieuse, de ce drame, — on pourrait dire, — quand on songe à tout le sang qu'elle nous coûta. Baratier, le docteur Émily ont écrit sur ces faits merveilleux des pages qui font verser des larmes, larmes d'orgueil et d'admiration pour ces héros obscurs, tirailleurs, spahis, au cœur si français; larmes de honte et de confusion pour l'épisode suprême, l'abandon total d'une conquête si chèrement achetée.

Dans le volume que j'ai déjà cité de : *A travers l'Afrique*[1], il est une scène, belle entre toutes, que je tiens à reproduire ici.

Les faits se passent à la côte d'Ivoire, en pleine forêt vierge. L'officier venait de s'endormir dans sa case d'emprunt, vide d'indigènes, lorsqu'une main se pose sur son épaule. C'est un courrier; il arrive à la hâte d'Ahnakrou, apportant un mot ainsi conçu : « Sommes cernés. Reste dix cartouches par homme. » Ceci signé Hay.

Cet homme, le porteur de la lettre, avait franchi dans la brousse, en pleine nuit, sans lune, sans guides, sans jamais avoir fait ce trajet, la route qui sépare Anakrou de Singonobo. Pour cela il avait mis sept heures et demie, et au prix de quels dangers, c'est ce que je voudrais faire ressortir ici.

C'est le colonel Baratier qui parle :

« Le lieutenant Hay se sentait perdu, il n'avait qu'une chance de salut à tenter : m'expédier un courrier. Mais serait-ce possible? En tout cas il fallait attendre la chute du jour.

« A 5 heures et demie du soir, il détacha une feuille de son carnet, écrivit quelques lignes et se tournant vers les tirailleurs :

« Qui veut porter cette lettre? »

Immédiatement un homme tend la main, reçoit la dépêche, franchit la porte, fait deux pas, et tombe frappé à mort.

Hay déchire un deuxième feuillet et répète une deuxième fois :

« Qui veut porter cette lettre? »

[1] *A travers l'Afrique.* Colonel Baratier. Fayard, éditeur.

Un autre tirailleur se présente : « Moi. » Il n'a pas même le temps de dépasser le seuil et tombe.

Reprenant son message, Hay demande une troisième fois :

« Qui veut porter cette lettre? »

Sans une hésitation Tankary Taravré s'avance :

« Moi! »

Au moment de sortir, il se retourne, prend ses cartouches et les tend à son lieutenant. Hay les refuse.

« Garde-les, tu en auras besoin. »

Mais Tankary les pose à terre, montre sa baïonnette :

Puis brusquement il ouvre la porte et d'un bond de fauve plonge dans la forêt. Les balles l'avaient manqué!

« Quelques mois plus tard Tankary Taravré était médaillé. »

Lorsque nous étions enfants, l'héroïsme des jeunes Spartiates soulevait notre admiration. Nous n'avons pas à regarder aussi loin en arrière pour admirer des prodiges de bravoure et d'endurance. Notre histoire nationale et notre histoire contemporaine, pour ne parler que d'elle, est riche en traits d'héroïsme. Elle abonde en faits merveilleux comme ceux qu'on vient de lire. Le grand malheur est qu'on ne les connaît pas assez. Nos enfants, bien que beaucoup plus mêlés à notre vie qu'il y a quelque vingt ans, ignorent trop encore ce qui se passe autour d'eux, principalement les belles prouesses accomplies par leurs aînés pour cette France que l'on devrait s'ingénier à leur faire aimer au sortir du berceau. Ah! comme il serait à désirer que leur enfance soit comme bercée par les chants de notre épopée nationale! Comme il serait bon qu'à côté de ces contes de fées qu'on se plaît à leur raconter, on mît sous leurs yeux les hauts faits d'armes et les superbes gestes réalisés par les nôtres. Leurs jeunes imaginations s'éprendraient bien vite d'enthousiasme au récit de ces faits merveilleux dont les auteurs sont des Français comme eux. Ils grandiraient ainsi à l'école de l'honneur et du sacrifice, car l'un ne va pas sans l'autre. La gloire ne s'achète qu'au prix d'un renoncement quelconque. Pour se donner, il faut aimer, et l'amour, quel qu'il soit, religieux ou patriotique, maternel ou filial, grandit en nous dans la proportion de notre abnégation.

A plusieurs reprises, déjà, nous avons vanté la bravoure, l'héroïsme de nos troupes coloniales. Parlant de l'armée noire et des pertes qu'elle subit chaque année, le colonel Baratier, dans les *Épopées africaines,* s'exprime ainsi :

« Lorsque je regarde ce monceau de gloire, des noms d'amis jaillissent, noms d'officiers ou de simples tirailleurs, inséparables les uns des autres, car marsouins et tirailleurs ne font qu'un. L'union des hommes et de leurs officiers est telle, que parler des premiers, c'est parler des seconds. »

Et ailleurs, nous décrivant l'acte sublime d'un certain Baba Touré, qui pour sauver son lieutenant et lui indiquer la direction d'où vont partir les balles à son adresse, tire le premier, mettant lui-même en joue ceux qui le visent, et qui, blessé, se relève, s'offrant en cible à l'ennemi, afin, par son cri, d'avertir son chef :

« La France pour lui, c'est l'officier qui a su se faire aimer en même temps que se faire admirer[1]. »

C'est là, surtout, ce que je tenais à faire ressortir ici. Ces hommes, qui savent déployer un courage qui soulève nos applaudissements et nous émeut jusqu'aux larmes,

[1] *Épopées africaines.* Colonel Baratier. Fayard, éditeur.

sont entraînés, soulevés, électrisés par leurs officiers. C'est donc, en vérité, bien à ceux-là, tout d'abord, que doit revenir le tribut de notre admiration. Rien n'est beau comme l'ascendant du cœur et nul ne saurait exprimer ni jusqu'où il peut aller, ni ce qu'il peut obtenir. Il suffit quelquefois d'un seul acte de bonté pour s'attacher à tout jamais quelqu'un. Les natures les plus vulgaires, les plus grossières, celles même remplies des plus violents préjugés, ne résistent pas, en général, à des témoignages de sympathie fréquemment renouvelés. Or qui donc, mieux qu'un officier, peut à l'égard des hommes qu'il commande leur manifester certaines bienveillances qui non seulement ne nuisent en rien à la discipline, mais l'affermissent, au contraire, en se les attachant. Ne voit-on pas dans le simple service en campagne, tel qu'il s'exécute journellement sur notre territoire, des hommes s'y croire pour de bon, — qu'on me pardonne l'expression, — et manifester, à leur tour, à leurs chefs, ce sentiment de respectueuse affection, de fidélité à toute épreuve, qui, en cas de guerre, à l'heure du danger, va parfois jusqu'à l'héroïsme.

J'ai déjà, dans des pages précédentes, cité le cas du sergent Panter s'acharnant à sauver le lieutenant Grosjean et le tirant, l'entraînant, en dépit du sang qui coule à flots de sa blessure, jusqu'à ce que son officier soit en dehors des mains des Marocains. Ce fait est relativemen trécent, puisqu'il ne date que de quelques mois; c'est dire que là-bas on se bat toujours, et que toujours aussi nos soldats et leurs chefs déploient la même bravoure et la même crânerie. Mais toujours aussi la mort décime les rangs de nos troupiers. C'est ainsi que la colonne Mangin ne fut pas épargnée. Dans un seul combat, elle eut quinze tués et vingt-cinq blessés!

Il faudrait suivre pas à pas les gestes de nos soldats pour comprendre tout ce qu'a de périlleux une semblable guerre, faite d'embuscades, de guet-apens continuellement dressés par les Arabes qui, se mouvant à l'aise dans les hautes herbes, parviennent à se cacher dans la brousse, à se dérober aux regards des nôtres pour surgir tout à coup au milieu de nos troupiers, se jeter sur eux et les massacrer. C'est alors que les fusillades éclatent, que les corps à corps se livrent, et que les sabres des Français fulminent, étincellent, faisant payer bien cher à l'ennemi ses surprises et ses provocations.

C'est alors que des actes superbes de courage se produisent chez les nôtres. Il faut lire l'article « Notre action au Maroc », que publiait *l'Illustration* dans son numéro du 10 mai 1913.

L'action se passe en plein Maroc oriental, dans la région voisine de la Moulouya.

Depuis trois jours, trente-neuf hommes de la deuxième compagnie du premier étranger se battent sans interruption.

« Tout à coup la petite troupe se vit entourée, cernée de toutes parts, accablée par une horde sept à huit fois supérieure en nombre. Le capitaine Doreau, en vain, voulut ramener ses hommes; c'était bien tard et le cercle se resserrait.

« Dès le premier moment, le lieutenant Grosjean, qui transmettait l'ordre du capitaine, était frappé d'une balle sous l'omoplate. Le feu des nôtres ne parvint pas à arrêter l'élan de l'ennemi, qui continuait à progresser. Alors, le capitaine donna l'ordre suprême : « En avant! à la baïonnette! » Ce fut sa dernière parole : une balle en pleine tête le foudroyait.

« Bientôt se produisait un corps à corps épique. Les cadavres, des deux côtés, jonchaient le sol.

« ... Les Beni-ben-Yahi, ivres de sang et de carnage, se précipitent, armés de formidables poignards. Les poitrines halètent. On entend le ronronnement des balles de gros calibre, mêlé aux sifflements des projectiles Lebel. Avec des cris démoniaques, les Marocains essaient d'achever les blessés, s'acharnent même sur les morts. Le corps du capitaine Doreau est frappé de trois coups dans la poitrine; le caporal Schwartz, inerte, a la tête tranchée, que dis-je? hachée! Le lieutenant Grosjean essaie de se relever, mais ses forces le trahissent, et, dans un cri, il retombe épuisé: « A moi, la légion[1]! »

C'est alors que, l'appel ayant été entendu, les braves légionnaires se précipitent au secours de leur officier et lui font un rempart de leurs corps, tandis que Panter, le fameux sergent, le saisit, le relève et l'emporte. Il est sauvé.

Mais ce n'est pas là, peut-être, le plus touchant de l'histoire. Lisez plutôt :

« Deux jours après, le 12 avril, à 7 heures du matin, un très simple et très émouvant cortège se dirigeait du camp vers le cimetière de Merada. Précédées de la section de mitrailleuses du 6e bataillon, sept arabas ornées de lauriers, de feuillages, de tentures tricolores de fortune, portaient à leur dernière demeure les dépouilles des braves de Nekhila. Toute la garnison assistait à cette triste cérémonie, et, après un discours du commandant Quirin, un légionnaire, tête nue, la figure grave, dit les prières des morts en latin[2].

Tout cela est très simple, mais c'est aussi très beau.

[1] L'*Illustration* du 10 mai 1913.
[2] *Ibid.*

Et maintenant il me reste à citer un nom, glorieux entre tous, celui du colonel Moll, ce brillant officier à la physionomie si sympathique, tombé le 9 novembre 1910, au combat de Drigelé, n'ayant que trente-neuf ans!

Panter, le fameux sergent, le saisit, le relève et l'emporte.

Avec lui et dans la même action mouraient les lieutenants Jolly et Brûlé, les adjudants Lecler et Noël, les sergents Alexandre, Bal et Berger et vingt-huit tirailleurs.

Quelle belle figure que celle de ce colonel, si jeune pour porter cinq galons, fiancé avant son départ pour le Soudan, et qui, entre deux coups d'épée, entre deux combats, trouvait le temps d'écrire à celle à laquelle il espérait bien, un jour, donner son nom.

Mais, s'il écrivait à sa fiancée les rêves ensoleillés qu'il faisait en songeant à l'avenir, le soir, sous la tente, il correspondait aussi avec ses vieux parents; et je ne connais rien de plus touchant que cette lettre délicieuse où le grand chef qu'il était disparaît, en quelque sorte, pour laisser la place à l'enfant, dont la tendresse filiale et pieuse déborde dans ces lignes.

Il s'adresse à sa mère :

« Fort-Lamy, 31 mai 1910.

« Cette lettre va arriver, je pense, vers le 10 août, donc au moment de ta fête. Je voudrais bien être à sa place et aller t'embrasser avec tendresse, avec piété, avec ferveur et t'entourer de mes bras et te dire combien je t'aime, ma petite maman chérie.

« Hélas! je ne puis que t'envoyer mes vœux, mes biens sincères vœux de bonheur. Le bonheur est chose si rare et si précieuse qu'on le désire bien ardemment pour les êtres qui vous sont chers.

« Aussi, je le souhaite bien ardemment pour toi et pour papa, qui partage ta vie; puissiez-vous conserver la santé qui en est une des premières conditions. Je pense bien déjà par avance à la petite fête de famille qui se célébrera à Dijon, rue Verrières, les 14 et 15 août; si vous ne m'y voyez pas, n'en soyez pas moins persuadés que mon cœur et ma pensée seront des vôtres. Mon souvenir est souvent parmi vous et je n'ai pas de peine à revoir dans mon imagination la salle à manger verte, les hautes fenêtres dont les rideaux sont toujours trop relevés pour les yeux de papa. Elle va s'égayer, en ces jours de fête. Les bouquets jailliront de leur enveloppe de papier sur la table couverte d'une nappe bien blanche. Un bouchon de champagne sautera au plafond. On boira à la santé de la bonne petite maman. On dégustera le gâteau choisi par papa dans la pâtisserie de la rue des Forges, on s'embrassera, on sera heureux de voir le papa et la maman en bonne santé, car on sera en été et on ne sentira plus les désagréables effets des imprudences de l'hiver.

« Je serai loin de vous, mais je penserai bien à vous tous.

« Tu sentiras, ma chère maman, mes baisers qui te frôleront, et tu devineras tous mes souhaits qui s'échappent en foule de mon cœur plein d'amour pour toi.

« Signé : H. MOLL. »

De cette lettre si tendre et si jeune, Sa Grandeur Mgr Dadolle, alors évêque de Dijon, dans l'oraison funèbre qu'il prononça sur le colonel Moll, disait :

« Je bénis les pillards de l'Afrique équatoriale d'avoir épargné ces lignes et je dis qu'on a le cœur très noble et très haut quand, à trente-neuf ans, du sein de la brousse africaine, l'on sait se manifester si délicieusement filial, dans une note si pure, avec des accents si vrais! »

Le comte Carlos d'Echevannes a bien voulu m'adresser la très intéressante brochure faite par lui sur le colonel Moll. Je suis heureux de lui exprimer ici même ma profonde reconnaissance, ainsi qu'à la mère du vaillant officier, pour avoir mis ainsi tous les deux sous mes yeux de si précieux documents.

Quelle belle figure que celle de ce soldat, si épris de son

devoir et de la grandeur de sa tâche! On le suit pas à pas dans ces pages écrites par la main d'un ami. On est vite subjugué par sa belliqueuse ardeur aussi bien que sa poétique imagination. Son amour pour la carrière qu'il a choisie éclate, déborde dans ses lettres. Lisez plutôt, ce sont ses propres expressions que je copie fidèlement.

« Je n'ai pas de repos depuis quatre mois. Toujours en route ou à traiter des questions d'organisation ou de tout ordre. Aujourd'hui même, premier janvier 1900, je suis en pleine brousse, arrêté sur le bord d'une mare desséchée où nous avons creusé deux puits pour en tirer une eau bourbeuse peu abondante. Je suis en marche depuis dix jours et pour quelque temps encore. Si je ne vous disais que cela vous pourriez croire que ma vie n'est pas attrayante. Oh! que si! Et combien je l'aime! »

Ces derniers mots reviennent fréquemment sous la plume du colonnel Moll. Ils se lisent entre les lignes, ils éclatent, ils pétillent. Pour lui, la vie qu'il mène en Afrique est intense. Il se dépense sans compter, avouant, dans une de ses lettres, se lever à 2 heures et demie du matin. Non seulement il marchait en avant, l'épée à la main, en conquérant, mais aussi il s'avançait en pacificateur, s'attachant à civiliser ces tribus barbares chez lesquelles il pénétrait.

Parmi ces populations qu'il traversait, beaucoup n'avaient point encore vu les « visages pâles »; d'autres étaient des plus barbares et pratiquaient l'anthropophagie. Que de prudence, de tact et d'habileté il fallait au grand chef, représentant de la France dans ces régions sauvages, pour se faire obéir et respecter!

« Moll parvient, par la douceur, à approcher les redoutables M'Biénou eux-mêmes qui, à défaut de chair fraîche, ne craignent point de déterrer les cadavres. S'il trouble les festins macabres, il demande et obtient la grâce de futures victimes en échange de quelques paires de bœufs! Et partout où il passe, Moll, obéissant au même idéal, sème la civilisation et fait aimer la France[1]. »

La France! Voilà la grande passion du colonel Moll. C'est pour elle qu'il lutte, travaille, chevauche, civilise. De loin, jusque dans ses lettres, on sent que son cœur bat continuellement pour sa patrie. Quel joli passage je relève dans l'une d'elles :

« Je ne vous oublie pas... prêtez l'oreille; ne sentez-vous pas comme un souffle, quelque chose d'impalpable et d'invisible qui voltige autour de vous? C'est ma pensée. Elle est si souvent en France! »

Et ailleurs : « Écrivez-moi, mon cher ami, j'aime tant entendre parler de la France. »

Et c'est cet homme au grand cœur, cet officier si conscient de son devoir et de sa mission qui, le 9 novembre 1910, assailli, cerné par une véritable horde ennemie, tombait au plus fort de la mêlée, au milieu de ses soldats vainqueurs. Ils étaient trois cents contre cinq mille!

Ainsi le dernier geste du colonel Moll était un coup d'épée! Comme Fiegenschuh, comme Roze, comme Merello et comme tant d'autres, Moll tombait en soldat, c'est-à-dire en plein champ de bataille, pour l'honneur de la France et de son drapeau. Inclinons-nous devant ces nobles victimes, choisies parmi les meilleures et les plus dignes. Leurs vies sont la rançon sanglante de nos victoires. Elles achètent nos triomphes, en rougissant et en pénétrant le sol de cette Afrique dont la conquête, parcelle par parcelle, est si chèrement payée par les nôtres.

[1] *Un Explorateur français*. Henry Moll, par E. Carlos d'Echevanes.

J'ai cité des faits, j'ai noté des gestes, j'ai répété des mots, et voilà que, — lorsque je crois ma tâche terminée, — voilà qu'il en surgit d'autres autour de moi, éblouissants, étincelants, comme les étoiles du soir qui scintillent dans la nuit et que le spectateur ne se lasse pas de contempler.

En voici donc un autre, et l'un des plus beaux peut-être! Il est du colonel Gouraud, le vainqueur de Samory. Lors d'une attaque sous Fez, alors qu'il était la cible du feu de l'ennemi, soudain il s'aperçut que son sous-officier inclinait et baissait son fanion. Dans un élan superbe et impérieux : « Plus haut! » s'écria-t-il. « Plus haut! » répéta-t-il.

« Plus haut! » semblent me redire tous ceux dont j'ai parlé dans ce chapitre. Plus haut pour la France, toujours plus haut! Oui, chez presque tous les héros qu'il m'a été donné d'étudier et d'approcher, j'ai pu constater combien l'élévation de l'âme peut-être portée loin dans certaines natures privilégiées par la Providence. En méditant ces exemples, en me répétant à moi-même ces leçons, j'ai passé de délicieux instants. A pénétrer ces vies si riches d'altruisme, à considérer ces caractères si fortement trempés, à écouter les échos de leurs voix, l'on se sent comme ébloui par un rayon de la céleste beauté. Ce que j'ai éprouvé, je voudrais le faire éprouver à d'autres. Les frissons généreux qui ont envahi parfois mon âme passeront, je l'espère, dans les âmes de ceux qui liront ces pages, toutes pleines de récits merveilleux dont les auteurs sont les héros eux-mêmes.

II

DANS LES AIRS

Une mort pour huit mille kilomètres accomplis en aéroplane, c'est le chiffre établi par la statistique officielle! Le premier Français victime de l'aviation fut Lefèvre, qui se tuait le 17 septembre 1909.

En 1912, quatre-vingt-treize aviateurs sont restés sur le champ d'honneur, dont, pour notre pays, trente et un civils et vingt-six officiers.

En 1913, les chiffres des morts se sont encore élevés. Le mois d'avril, entre autres, a été des plus terribles pour les aviateurs. Les chutes succédaient aux chutes. C'est ainsi que dix-huit pilotes se sont tués en vingt-deux jours et que le martyrologe de l'aviation se montait alors au chiffre relativement énorme de deux cent quatre-vingt-quinze victimes. Quel chiffre n'atteint-il pas, maintenant?

Il n'est guère de mois, presque de semaine, qui ne nous apporte de nouveaux noms de ces intrépides conquérants de l'air, précipités de ces hauteurs, parfois prodigieuses, où ils planaient, la gloire gonflant leurs ailes, jouant avec les étoiles et frisant les clochers. Il y a quelques mois c'étaient Nieuport et son mécanicien qui s'effondraient dans un choc effroyable, enfonçant le moteur de l'appareil de plus de trois pieds en terre. Depuis c'était un tout jeune homme de dix-sept ans, un nommé Mercier, qui, au meeting de l'aviation d'Ambérieux, près de Lyon, faisait une chute si terrible qu'il se tuait sur le coup.

Citons encore la catastrophe survenue à l'adjudant Faure. Depuis deux mois il s'entraînait au centre militaire de Buc. Il passait une épreuve du brevet militaire lorsque soudain, au moment d'atterrir, l'appareil, par suite d'un remous, piqua directement vers le sol. Il s'abattit avec fracas, et, quant au malheureux adjudant, il eut le corps littéralement sectionné par le moteur de l'aéroplane qui lui tomba sur le dos. De plus il eut, dans la chute, les deux jambes brisées.

Faut-il rappeler ici le nom glorieux et si sympathique de Chavez, qui n'eut pas le temps de jouir de son triomphe; ceux de Princeteau, de Lemartin, de Landron, du lieutenant Lantheaume, pour n'en nommer que quelques-uns? Et dans ce martyrologe de l'aviation, disons bien vite que l'armée entre pour une bonne part.

Je n'en veux pour preuve que les morts des lieutenants aviateurs Cazes et Garnier, du caporal de Loynes d'Auteroche, du sapeur Gendreau, tous victimes du devoir militaire. Ceux qui ont entendu ou qui ont lu le discours que M. Lasies, ancien député du Gers, prononça devant les cercueils des trois derniers, ont tressailli d'une indicible émotion, en même temps que d'un sentiment très puissant d'orgueil national.

Quelques lignes permettront de se faire une idée de la trempe de ce discours. Voici ce qu'il disait en parlant du lieutenant Cazes :

« Le lieutenant Cazes avait reçu l'ordre de se rendre de Casablanca à Mogador, où une population en fête l'attendait.

« A l'heure prescrite il part.

« En cours de route, une brume intense s'élève, si intense que l'aviateur passe à quelques mètres du terrain d'atterrissage sans le voir.

« Cependant tout lui indique qu'il est au terme de son voyage.

« Anxieuse, la foule entend le bruit de l'avion qui cherche sa route.

« Il semble au lieutenant Cazes qu'il aperçoit enfin la terre.

« Il arrête son moteur et descend.

« Hélas! ce n'est point le sable du rivage qui, un instant, a brillé à ses yeux, c'est la mer!

« Sans perdre son sang-froid, il allume et remonte.

« Il cherche, tourne, louvoie, abaissant progressivement son appareil.

« Des rochers! C'est donc la plage!

« Il éteint et descend.

« C'est encore la mer furieuse et démontée.

« Il veut remettre le moteur en marche.

« Fatalité! la machine n'obéit plus. L'oiseau s'effondre...

« Alors entre le pilote et le sapeur Champeau s'engage ce court et tragique colloque :

« — Mon lieutenant, nous sommes perdus, savez-vous nager?

« — Non, répond stoïquement l'officier.

« — Peu importe! Je suis excellent nageur, je vous sauverai.

« — Essayons; mais, ajoute le lieutenant Cazes, si vous voyez que vous ne pouvez me sauver, je vous donne l'ordre de m'abandonner. »

« Vive la France! Vive la France!

« C'est la prière du soldat qui meurt, c'est le *Credo* du soldat qui reste.

« Avec un courage réfléchi qui tient du prodige, le sapeur pousse son officier vers les roches.

« A peine deux cents mètres à franchir, mais la mer est démontée par la tempête.

« Cependant ils arrivent et, convulsivement, se cramponnent au roc.

« C'est le salut! c'est la vie!

« Soudain une vague furieuse déferle, arrache et entraîne le lieutenant Cazes.

« Instantanément, sans réflexion, obéissant impulsivement à cet instinct de courage que les aïeux mirent dans le sang de notre race, le sapeur se jette au secours de son chef.

« Sept minutes s'étaient écoulées depuis le commencement du drame.

« Bravant la rafale, l'enseigne de vaisseau de Kéroul arrive avec un canot de sauvetage juste à temps pour recueillir l'héroïque sapeur évanoui, d'un évanouissement qui devait durer vingt-trois heures!

« Espérant encore sauver son camarade, l'officier de marine, à plus de trente reprises, plonge dans une baie infestée de requins.

« Courage inutile. Le flot gardera sa proie, et trois jours après un jeune officier aviateur, planant au-dessus de la mer apaisée, laisse tomber une gerbe de fleurs sur la place même où le lieutenant Cazes avait disparu. »

Et parlant ensuite du lieutenant Garnier, du sapeur Gendreau et du caporal d'Auteroche et de tous ceux tombés dans l'accomplissement du devoir, M. Lasies, dans un élan superbe, ajoutait :

« Demain, dans nos champs d'aviation, retentira le commandement bref : « Tous les appareils dehors! » et les oiseaux s'envoleront comme si, de la mort des héros, jaillissaient de luxuriantes frondaisons de forces et d'enthousiasmes.

Le sapeur pousse son officier vers les roches.

« Ils planeront très haut, si haut qu'ils sembleront vouloir se rapprocher de leurs frères disparus, obligeant ainsi les enfants de France, qui, trop souvent, hélas! ne songent qu'à se méconnaître et à se calomnier, à élever enfin leurs yeux vers le ciel, vers cet idéal de beauté, de grandeur, de générosité auquel ils doivent toutes les gloires de notre histoire... »

Ainsi donc, il ne suffit pas à nos vaillants officiers de tirer l'épée, de nous étonner par leurs magnifiques chevauchées au travers des balles ennemies, là où se trouve un danger à courir, nous les trouvons toujours prêts à l'affronter, fallût-il pour cela s'élancer dans les airs, braver les éléments souvent déchaînés et voler dans des régions qui, il y a peu d'années encore, semblaient inaccessibles pour des mortels. Noble et sublime audace que l'on ne saurait s'étonner de rencontrer dans des cœurs français qui, dès qu'un peu de gloire pour la Patrie réclame des champions, répondent de suite à son appel, même s'il faut pour cela courir à un péril certain.

La traversée de la Manche, celle des Alpes, Paris-Rome, Paris-Madrid, le circuit européen, Paris-Berlin, et puis encore les superbes vols de Daucourt, Védrines, Bonnier, en Asie-Mineure, tous ces mots cinglent dans l'air comme des fusées qui éclatent soudain, jetant autour d'elles leurs jets de feu et leurs paillettes d'or.

L'appareil de Védrines est le premier aéroplane qu'on ait vu en Terre sainte, aussi fut-il l'objet de successives et multiples ovations.

Si plusieurs, beaucoup même, de nos héros de l'air payèrent de leur vie leurs audacieuses envolées, du moins le mérite leur en est-il à jamais acquis. Quant aux autres, Blériot, Latham, Védrines, Beaumont, Garros, Gibert, Legagneux, Chevillard, Pégoud, — et je m'arrête, — ils ont du moins entendu monter vers eux les joyeux hourras des foules et ont recueilli, avant même de retoucher le sol, les applaudissements enthousiastes des populations accourues pour les fêter.

C'est à Legagneux que revint l'honneur d'atteindre le record de la hauteur. Il s'éleva en 1913 à 6150 mètres d'altitude, alors qu'en 1912 Garros avait atteint 5600 mètres et Perreyon 6000 mètres. Et la boucle, combien de fois ne fut-elle pas doublée par Pégoud?

En Espagne, Alphonse XIII accrocha sur la poitrine de Védrines la décoration de l'ordre du Mérite.

En Italie, l'accueil fait à nos aviateurs tient du délire. Beaumont fut pressé, embrassé, porté en triomphe. Mais rien ne valut l'ovation spontanée faite à Vidart, le vainqueur de Calais-Paris, par de simples ouvriers paveurs.

« Il rentrait chez lui, rue François Ier; des gens le reconnaissent et lui font signer des cartes postales. Quelques ouvriers paveurs assistaient à la scène. « Ah! ben mais, « j'aimerais bien avoir moi aussi un souvenir de Vidart! dit « l'un d'eux. — Et moi donc, fait l'autre, mais je n'ai point de « cartes postales sur moi! » Mais le premier empoigne l'un des pavés de bois, tout neuf, dont la chaussée est encombrée, il l'essuie encore du revers de sa manche et, tout craintif, demande à Vidart de lui signer un pavé. Vidart signe, et tout le chantier lui demande le même souvenir. L'aviateur taille son crayon et multiplie ces autographes inattendus! Il exultait! Parbleu! Voilà des gestes d'un si joli sentiment et d'une allure bien française[1]. »

Mais combien plus touchant encore que tout cela fut le geste de Pie X lui-même, bénissant, de ses jardins du Vatican, Beaumont, le vainqueur de la course Paris-Rome.

Qui donc a fait remarquer qu'à l'ordinaire le Pape s'incline pour bénir et qu'en cette circonstance il dut, au contraire, élever ses deux mains de Pontife suprême, bien hautes, vers le ciel.

[1] *La France illustrée*. 15 juillet 1911. M. Mondet-Tenclin.

Comme il dut sourire de loin, le Saint-Père, à ce jeune aviateur, se donnant à lui-même le plaisir intime de procurer à l'auguste prisonnier du Vatican la satisfaction de voir un de ces grands oiseaux de France venir jusqu'à lui, lui qui ne peut pas aller jusqu'à eux.

Il ne suffisait pas à Pie X d'avoir posé ses lèvres de pape sur un drapeau français, ses mains devaient charger les ailes de l'une de nos alouettes gauloises de toutes ses bénédictions de Père. En bénissant l'un de nos aviateurs, le Souverain Pontife bénissait, par là-même, tous les aviateurs de France. Désormais, dans leurs bonds successifs vers les régions aérées, dans leurs excursions au pays des étoiles, ils se sentiront encouragés, réconfortés, par ce geste de paternelle bienveillance de notre grand Pontife actuel.

Mais comme je le disais au début de ce chapitre, la conquête de l'air laisse, hélas! après elle, une traînée sanglante et douloureuse.

Parmi les plus terribles catastrophes survenues en ces dernières années, il en est une particulièrement affreuse, horrible, qui remonte à 1909, mais qui est encore dans tous les esprits, je veux parler de celle du dirigeable *République,* monté par quatre hommes, dont deux officiers.

Ce qui rend encore plus saisissant le drame, c'est qu'avant leur départ les quatre héros se rendaient parfaitement compte du danger qu'ils allaient courir, sur leur appareil mal réparé. C'est le capitaine Marchal qui, ne cachant pas ses appréhensions, disait lui-même :

« Pourvu qu'il ne m'éclate pas dans les mains ? »

Et l'adjudant Réaux, parlant à un de ses amis, s'exprimait ainsi :

« Au lieu d'attendre une lettre, vous feriez mieux de commander quatre cercueils, car il n'y aurait rien d'extraordinaire à ce que nous nous cassions la figure en route. »

Hélas, ces tristes prévisions ne devaient que trop se justifier, puisque, sur les quatre, quatre moururent!

Notons les noms de ces braves, ils sont dignes de passer à la postérité. Ce sont le capitaine Marchal, le lieutenant Chauré, les adjudants Réaux et Vincenot.

Aux obsèques, Mgr Gibier, après avoir salué les héros victimes de leur devoir patriotique et militaire, parlant de la grandeur de l'homme qui, par son caractère moral, dépasse de cent coudées cette nature matérielle, ajoutait :

« Mais en même temps combien l'homme est petit, puisqu'il n'est pas nécessaire que l'univers entier s'arme pour l'écraser. Une vapeur, une goutte d'eau, une paille dans un métal suffit pour le tuer. »

Hélas, les événements ne font que confirmer ces paroles. Hier encore, un ballon militaire, monté par trois officiers : le capitaine Clavenad, le capitaine de Noue, le lieutenant de Vasselot de Regne, un sous-officier, le sergent Richy et un pilote civil, Aumont-Thiéville, s'effondrait dans la plaine de Noisy-le-Grand, près de Paris, mettant à nouveau en deuil l'armée et le monde de l'aéronautique.

Quatre des malheureux passagers ont été absolument fracassés dans la chute, le cinquième est mort dans la soirée.

C'est en service commandé que les passagers avaient pris place dans la nacelle du *Zodiaque,* c'est donc bien en accomplissant leur devoir qu'ils sont morts, et dans quelles conditions? Par suite de quelle fausse manœuvre la catastrophe s'est-elle produite, c'est ce qu'on peut se demander, mais on recule d'horreur à la lecture des horribles détails qui accompagnèrent ou précédèrent la chute du ballon. D'après les témoins de l'accident, le vent faisait rage, la tempête soufflait et les malheureux aéronautes étaient ballottés en tout sens. Le *Zodiaque,* en effet, à un moment donné, volait si bas qu'il frôlait les toits des maisons, renversait une cheminée, brisait des fils télégraphiques jusqu'à l'instant où, déchargé de tout ce qu'il contenait, d'un bond il remonte à deux cents mètres.

Que se passa-t-il alors? Nul ne le sait, mais toujours est-il que la corde appelée corde de déchirure, qui ne doit être employée qu'au moment même de l'atterrissage, fut tirée probablement dans une minute d'affolement, et ce fut la chute horrible, épouvantable, terrifiante.

D'après un témoin, « le ballon se tordit en vrille, puis tomba comme une masse sur le sol. »

La nacelle fut complètement retournée, et lorsqu'on put la retirer, on ne vit qu'un amas sanglant de chairs, de membres fracassés, de cadavres entassés les uns sur les les autres. C'était la catastrophe dans toute son horreur!

C'est que, malheureusement encore, bien des causes se trouvent souvent en jeu pour entraver et compromettre les hardies envolées de ceux qui, commandant le « lâchez tout », s'élèvent peu à peu vers la voûte azurée, visant les nuages et les perçant de leurs ailes. Parmi ces causes si diverses, les tempêtes, les remous, les coups de vent, offrent de véritables et fréquents dangers que les plus expérimentés n'arrivent pas toujours à surmonter. Aussi la science, soucieuse de tout progrès, cherche-t-elle, depuis longtemps déjà, ce qui pourrait apporter la stabilité à ces appareils si exposés et qui portent dans leurs nacelles des vies si précieuses à plus d'un titre. Or, un simple ouvrier typographe, qu'il me plaît de nommer ici, M. Moreau, père de six enfants, vient de mettre à exécution un mode d'avion, stable par lui-même, c'est-à-dire capable de reprendre son équilibre en dépit de tous les assauts des éléments déchaînés. Cette invention, expérimentée tout nouvellement, a donné les plus beaux résultats. C'est ainsi que l'appareil, monté par son constructeur et par le lieutenant Saulnier, délégué par le général Hirschauer, inspecteur permanent de l'aéronautique militaire, a évolué, durant trente-cinq minutes, à une hauteur de cent cinquante mètres, reprenant toujours son équilibre, malgré les coups de vent qu'il recevait de tous côtés.

M. Moreau, absolument inconnu jusqu'ici dans les Annales de l'aviation, a fait une admirable trouvaille. Si, comme tout le fait espérer, son invention est généralement adoptée, combien d'existences n'aura-t-il pas par là même sauvegardées? S'imagine-t-on quelle somme d'énergie a dû fournir cet homme qui, pour nourrir sa nombreuse famille, n'avait que le produit de son travail? Fait touchant, ce sont ses compatriotes, ses amis, ses voisins, les habitants de la région où il vit, qui se sont cotisés pour lui permettre de mener à bien son œuvre[1]. Honneur à cet humble qui, en dépit de la vie matérielle de chacun de ses jours, a su consacrer tous ses instants de liberté à construire cet appareil qui doit apporter à notre quatrième arme un secours si puissant.

Tandis que j'écris ces lignes, se dresse devant moi, parmi mes papiers épars, la sympathique physionomie du malheureux Latham, le premier de nos aviateurs qui ait osé affronter la traversée de la Manche et qui échoua sur le point d'arriver. On n'a pas oublié sa mort tragique, survenue non pas en aéroplane, comme on aurait pu le présumer, mais dans une chasse contre les bêtes fauves, au Congo.

[1] Au moment où s'achève cet ouvrage, nous sommes heureux d'apprendre qu'un mécène alsacien a fait remettre à M. Moreau la somme de dix mille francs pour achever ses travaux.

J'ai parlé tout à l'heure du circuit européen. C'est une des plus belles envolées de 1911, puisque quarante et un concurrents s'élevèrent dans les airs, devant un public tellement imposant que six mille hommes de troupes, désignés pour le service d'ordre, furent impuissants à maintenir la foule. Ce fut un succès magistral pour nos aviateurs français, mais combien cher ce succès fut acheté! Lemartin, Princeteau, Landron, furent tous trois précipités de leurs appareils dans des conditions particulièrement affreuses et payèrent de leur vie le triomphe de leurs camarades.

Ce fut un véritable martyre que la mort du lieutenant Princeteau et celle de Landron, tous deux brûlés, carbonisés, se débattant devant les spectateurs terrifiés et impuissants, dans un effroyable brasier, d'où s'échappaient des hurlements de douleur.

Ne restons pas sur ces visions terribles, et reposons plutôt nos yeux sur un tableau plein de grâce.

Puisqu'il s'agit ici d'aviateurs, je ne puis résister au plaisir de signaler le geste délicieux de l'un d'eux, M. Grade, que malheureusement je ne puis assurer être un Français, son nom ne figurant pas sur la liste de nos aviateurs. Le fait, d'ailleurs, sort peut-être un peu du cadre de mon sujet, le trait, en lui-même, n'ayant rien d'héroïque; mais il est si joli et surtout si délicieusement conté que j'éprouve une véritable satisfaction à le transcrire ici, en partie, après en avoir reçu l'autorisation de son auteur lui-même, M. Frimot, en termes on ne peut plus gracieux.

« Il était quatre petits Poucet, qui jamais n'avaient pensé qu'un jour ils s'égareraient parmi les nuages et les étoiles du ciel. La Providence les avait fait naître en des régions diverses où leur taille exiguë leur avait donné notoriété, sinon fortune. Puis un Barnum les réunit en un village lilliputien, pour battre monnaie sur leurs épaules trop étroites.

« Entre deux exhibitions, ils s'en furent tous les quatre, curieux et minuscules, à l'aérodrome voir les envolées des hommes oiseaux. Ces tout petits, qui se haussaient sur leurs talons pour voir un loquet de porte, furent émerveillés de voir des hommes semblables à eux, quoique un peu plus grands, aller faire des promenades à travers les nuages! Ils entourèrent l'aviateur Grade à son atterrissage, et, comme les frères du petit Poucet, à la descente de son arbre, l'accablèrent de questions.

« L'aviateur se pencha sur les tout petits. Il comprit combien il serait doux aux pauvrets, qui n'avaient pu croître qu'à quelques centimètres de terre, de s'élever au-dessus d'elle, si haut, si haut, que les clochers de la plaine les prendraient pour des oiseaux!...

« Donc le bon aviateur fit monter en sa nacelle les quatre Poucet, ravis de chausser, eux aussi, les féeriques et modernes bottes de sept lieues. Sur leurs frimousses épanouies, l'hélice envoya la tempête de son tourbillon; le vent siffla au travers des frêles doigts crispés sur le fuselage, un ravissement mêlé d'angoisse envahit les bouts d'hommes au premier élan de l'appareil.

« Ils allaient se lancer sur des ailes pour mieux voir les étoiles, eux qui n'avaient jamais pu regarder le dessus des tables de festin où ils avaient été conviés!... Et les quatre petits, blottis comme des oiselets au nid, sous les grandes ailes rapides, montèrent si vite et si loin que la terre, à son tour, leur parut toute petite et tout étroite. D'en haut, ils regardèrent les hommes comme ceux-ci les regardaient d'en bas, et ils les trouvèrent, eux aussi, rachitiques et lilliputiens.

« Dans leur fuite éperdue à travers la forêt des nuages

dorés et des espaces bleus, ils semaient leur chemin de leurs sourires ravis et de leurs naïves admirations. Ainsi petit Poucet égrenait ses cailloux blancs aux lacets du sentier, pour reconnaître la route aérienne qu'ils ont suivie vers les cieux!... Ils la referont souvent sur les ailes de leurs rêves, se rapprochant, sans doute, chaque fois un peu plus des portes d'or du ciel que Jésus promet d'ouvrir aux tout petits. Cet envol a peut être remis en équilibre, dans leurs enveloppes trop étroites, leurs âmes immortelles et à l'image de Dieu comme toutes les autres; une joie très douce est tombée sur leur misère, ils ont compris que vraiment ne comptent pas quelques pouces de plus ou de moins dans l'infini des cieux...[1]. »

Quelle bonne fortune pour un écrivain que de rencontrer sur son chemin une page aussi gracieuse que celle que l'on vient de lire. S'il est pour le promeneur, passionné des beautés de la nature, une puissance très intime et très douce, c'est celle de glaner autour de lui les beaux épis dorés ondoyant sur leurs tiges, ou de ravir au rosier qui la porte une fleur aux éclatants pétales. Mais n'est-ce pas également pour lui une joie véritable que de découvrir, bien tapies sous les feuilles où leur humilité les cache, les petites violettes, au suave et timide parfum? De même pour celui qui écrit et qui s'est donné pour tâche de recueillir, non seulement les hauts faits qui arrachent les bravos et suscitent l'enthousiasme, mais tout ce qui plaît et qui charme, pour celui qui écrit, je ne sais rien de plus exquis que la rencontre d'un fait, très simple en lui-même, mais relaté par une main délicate et fine. Le moindre geste, alors, se

[1] *La France illustrée*. 19 octobre 1912. M. Jean Frimot.

transforme, se transfigure en quelque sorte, et ce qui eût été fort banal peut-être, écrit par un auteur quelconque, se revêt d'un indéfinissable charme, raconté par une plume d'artiste.

J'ai relaté un beau geste en faveur de certains déshérités de la fortune. En voici un autre qui a également sa valeur. Il est de Salmet. Certes, il est bien Français, celui-là, et c'est une joie et une fierté pour nous de penser que, le premier, il a eu la charitable idée de donner, durant son séjour en Angleterre, des exhibitions, les jours de relâche, au profit des malades des hôpitaux. Engagé par le *Daily Mail,* l'aviateur a volé au-dessus de la Grande-Bretagne dix-sept semaines, comprenant seulement onze journées de repos.

Qu'il me suffise, en terminant ces quelques pages sur nos conquérants de l'air, de rappeler la magnifique revue de nos aéroplanes de guerre, le 27 septembre 1912. Soixante-douze appareils étaient réunis sur le terrain de l'aérodrome de Villacoublay. Le colonel Hirschauer présenta à M. Millerand, alors ministre de la guerre, les grands oiseaux rangés par escadrilles. C'était la première fois que semblable déploiement d'aéroplanes avait lieu.

Depuis cette époque, pourtant récente, une nouvelle « revue des ailes » eut lieu en mai 1913, en l'honneur du roi d'Espagne, lors de son dernier voyage à Paris. Jamais, peut-être, les yeux du jeune souverain n'avaient contemplé pareil spectacle et n'avaient pu compter tant d'aéroplanes réunis. Quatre-vingts appareils, dont soixante-cinq militaires et quinze civils, évoluèrent devant lui avec une incomparable aisance, sillonnant l'air et l'espace, se jouant des difficultés, accomplissant de hardies et prodigieuses prouesses.

Aux aviateurs militaires observant rigoureusement la consigne donnée, succédèrent les pilotes civils. Alors le spectacle devint d'un intérêt intense. Ce ne fut plus seulement de l'adresse, ce fut de la témérité. Rien ne put arrêter ni modérer Garros et Chevillard, pour ne citer que ceux-là, dans leurs exploits aériens. Maintes fois ils arrachèrent des cris aux spectateurs terrifiés, cris auxquels succédaient les acclamations et les bravos. Ce fut pour l'aviation française un succès monstre, un véritable et inoubliable triomphe.

D'ailleurs, pour la première fois aussi, les grandes manœuvres de l'année 1912 marqueront un pas considérable fait dans la vie aérienne. Nous les avons tous vus, tous admirés, ces élégants oiseaux, ondulant gracieusement dans les airs et tenant nos yeux levés vers le beau firmament bleu, des heures et puis des heures encore. Lorsque certains se rapprochaient du sol, laissant apercevoir leurs ailes toutes décorées de petits oriflammes portant les trois couleurs, l'enthousiasme des populations avait peine à se contenir.

Les fenêtres des maisons s'ouvraient toutes grandes, les chemins se noircissaient de gens accourus de tous les villages d'alentour! Les moissonneurs laissaient là la gerbe commencée, les travailleurs déposaient leurs outils, les ménagères quittaient leurs occupations domestiques, tous applaudissaient, tous tressaillaient d'honneur et d'orgueil national. « Encore un! Encore un! » criaient les enfants dans leur joie communicative, et les fronts se levaient et les vieillards souriaient, eux qui jamais n'avaient pensé, jamais cru, qu'avant de descendre dans la tombe, ils contempleraient semblable merveille. Qui sait si plus d'un, devant le fait accompli, n'a pas senti son vieux cœur battre plus fort, qui sait même s'il en est qui n'ont pas pleuré?

Et tandis que, dans une ascension superbe, tous les regards, tous les esprits et tous les cœurs s'élevaient dans un commun sentiment de fierté patriotique, en haut, tout en haut, les officiers aviateurs signalaient leur passage par le joyeux vrombissement de leurs appareils ailés, et c'était vraiment féerique de les voir évoluer, parfois plusieurs ensemble, et presque sans discontinuité. Et de ville en ville, de hameau en hameau, sur tout leur parcours enfin, les acclamations montaient, montaient toujours. C'était un triomphe, un véritable triomphe, non seulement pour les conquérants de l'air, mais pour la France elle-même.

III

SUR LES FLOTS. — SUR LA TERRE. — AU MILIEU DE NOUS

J'ai parlé des victimes de l'air et j'ai donné quelques chiffres permettant de se faire une idée approximative du nombre de ceux qui périssent, champions de l'aviation. A-t-on jamais compté les vies qu'engouffre l'Océan?

Lorsqu'un désastre maritime nous est signalé, certes nous payons un large tribut et de pitié et d'admiration aux humbles héros, victimes de ces terribles catastrophes, mais nous sommes-nous parfois demandé combien d'existences humaines disparaissent ainsi? C'est par milliers qu'il faudrait les compter. Rien que pour la France, si nous nous remémorons les épouvantables catastrophes de ces dernières années, nous serons effrayés en songeant au nombre de marins précipités dans les flots et engloutis par la terrible ravisseuse.

Le *Lutin!* le *Farfadet!* le *Pluviôse!* le *Vendémiaire!* la *Liberté!* tous ces noms sonnent lugubrement dans l'air. Et, sans parler des grandes catastrophes comme celles-là, combien font, tous les ans, des victimes plus ou moins nombreuses? Il suffit, par exemple, de l'éclatement d'une gargousse, comme sur le cuirassé *la Gloire,* pour causer neuf morts et faire plusieurs blessés. Il n'y a pas longtemps encore, sur le *Danton,* nous avions de nouvelles pertes d'hommes à déplorer.

Que de traits magnifiques à saluer au passage! Je viens de parler de la *Gloire :* l'enseigne de vaisseau Quemener avait été le moins grièvement blessé, mais il ne voulut quitter la casemate que le dernier. Or, cette casemate était empoisonnée par les gaz et le vaillant officier paya de sa vie sa fidélité à son poste.

Dans le même accident et sur le même vaisseau, le lieutenant canonnier Roman eut les deux mains complètement brûlées pour avoir tenu à s'élancer, quand même, dans la casemate enflammée. Il convient de citer encore le premier-maître canonnier Grégnen et le matelot Martin qui, tous deux, firent également preuve d'un courage héroïque.

Et combien de faits de bravoure, accomplis journellement par de simples hommes d'équipage, n'arrivent pas jusqu'à nous?

Les équipages des sous-marins se recrutent au choix et sur demande. Or, les réparations du tragique submersible *la Liberté* n'étaient pas achevées que les demandes d'embarquement affluaient. Comme on le voit, rien ne peut arrêter l'invincible héroïsme de nos petits matelots.

Faut-il maintenant parler des sauveteurs dont le courage est si souvent mis à contribution?

L'un d'eux vient de mourir, — le brave Postel, l'ancien patron du canot de sauvetage de Trouville, si connu des baigneurs de cette plage.

Ce vaillant avait sauvé tant de personnes, au cours de sa périlleuse existence, qu'il lui était impossible de s'en rappeler le nombre. Il était titulaire de trente-neuf décorations, dont celle de la Légion d'honneur.

La petite ville de la côte normande a fait au sauveteur des obsèques solennelles, et son corps repose dans une concession à perpétuité, dans le terrain réservé aux victimes du devoir.

C'est surtout l'hiver, quand la tempête fait rage et que la mer est déchaînée, que nos braves se jettent au secours des embarcations en détresse. Il y a quelques mois, au Pouliguen, un pêcheur, du nom de Yves Cognard, passait sur la plage, lorsque soudain un cri, partant du large, arriva jusqu'à lui. N'écoutant que son grand cœur, le pêcheur se précipite dans la mer en courroux, mais ses efforts sont vains, les vagues furieuses le rejettent sur le sable. Une nouvelle tentative reste sans succès. Cognard, alors, renonce à essayer à nouveau le sauvetage; mais voici que, perçant la tempête, un second cri, désespéré, celui-là, retentit encore. Il suffit! Il ne sera pas dit que Cognard n'aura pas tout tenté pour sauver un être en détresse. Il rentre dans les flots et, secoué, ballotté, rejeté par eux, il parvient enfin, après des efforts inouïs, jusqu'à la barque sur le point de sombrer et la ramène, avec son passager, sur le rivage.

Ce fait se renouvelle continuellement sur nos côtes. Montés par leurs patrons, les canots de la Société centrale des Naufragés se portent au mépris de dangers terribles, au secours de vies en péril et de bateaux en détresse.

Lorsque, bien clos chez nous, nous entendons au travers de nos fenêtres souffler les rafales; lorsque le vent siffle et mugit, déracinant les arbres, brisant les branches et faisant voleter les feuilles; lorsque la tempête est si forte qu'elle ébranle nos maisons et découvre les toits de nos demeures; lorsque tout s'agite et tout tremble autour de nous et que notre être même est comme saisi d'effroi, songeons alors à toutes les petites barques exposées à la fureur des flots. Si les gros navires ont à souffrir des colères de l'Océan, que dire des dangers courus par les petits bateaux envahis par les vagues, projetés sur les rochers, secoués comme des jouets, brisés, engloutis enfin!

Et ces barques sont montées! Elles portent des vies, des vies d'époux, de pères, de promis et de petits enfants, car bien jeunes ils partent pour la grande mer, les pauvrets, rêvant, eux aussi, de gagner le large et d'aller vers ces pays lointains d'où, hélas, on ne revient pas toujours!

Je sais un enfant de treize ans qui, dans l'un de ses premiers voyages au long cours, a subi tempête sur tempête, a fait trois fois naufrage et trois fois a risqué de perdre la vie. Mais le brave petit homme a du sang de marin dans les veines, il a continué de naviguer, il voyage autour du monde et remplit ses yeux, son cœur, son imagination des horizons qu'il découvre et des beautés qu'il contemple.

Faut-il parler ici des pêcheurs d'Islande et de ceux de Terre-Neuve, qui, chaque année, s'en vont, là-bas, dans les brumes de l'Océan, affronter les durs climats, les brouillards sans fin et les jours sans soleil, pour jeter leurs filets, afin de rapporter au pays de quoi vivre durant quelques mois? Combien, à l'heure du retour, combien manquent à l'appel, gardés jalousement par les flots.

O mer, si tu pouvais parler! ce ne sont pas seulement les eaux de nos ruisseaux, de nos rivières et de nos fleuves qui roulent dans tes ondes, ce sont aussi toutes les larmes des naufragés, des désespérés, de tous ceux que tu as pris. Ce sont encore celles des veuves et des orphelins, des mères et des fiancées qui grossissent tes flots. Quand tu te fais méchante, que tu mugis, que tu grondes, ce sont les plaintes, les cris, les hurlements de tous ceux que tu caches dans ton sein que l'on entend ainsi. Quand ton courroux devient si grand que tes lames bondissent, déferlant sur les rocs leur bave écumante, brisant ce qui leur résiste, semant l'effroi

Il parvint enfin, après des efforts inouïs, jusqu'à la barque.

dans les cœurs, ce sont les âmes des trépassés, peut-être, de ceux-là qui sont morts, saisis, engloutis par les vagues, qui hurlent et se débattent.

Que de drames se sont accomplis dans tes ondes! Que de vies pour lesquelles tes abîmes sont des cercueils et tes vagues des linceuls! Que de cris de détresse qui se perdent dans le bruit des vents! Que d'êtres qui luttent contre la mort, cherchant la main qui sauve, le radeau qui porte, l'épave où l'on s'accroche.

C'est vers ces pauvres naufragés appelant au secours que s'en vont, à chaque campagne de grande pêche, les navires des Œuvres de mer. Mais, hélas, dans la campagne de 1913, c'est en vain que le vapeur-ambulance et le navire-hôpital *Notre-Dame-de-la-Mer* ont sillonné les parages de l'Islande parcourus par les bateaux de pêche : la goélette *la Tourmente,* partie de Paimpol en février, n'était point encore retrouvée au mois de mai. Nul doute qu'elle ne se soit perdue corps et biens, car jamais aucune nouvelle n'est parvenue de cette embarcation montée par vingt-six hommes.

La perte de la *Tourmente* porte à quatre le nombre de bateaux bretons perdus dans la première partie de la campagne de pêche de 1913, la *Mouette* et l'*Éole* ayant disparu avec tout leur équipage et la *Binicaise* ayant sombré avec huit marins pêcheurs.

Tous les ans, pourtant, les Œuvres de mer sauvent en grand nombre de ces pauvres gens perdus dans des barques en dérive. Ils tendent alors aux marins bretons le câble bienfaisant, ils leur apportent les soins, les réconforts dont ils ont besoin, recueillant les malades et soulageant les infirmes. Ils distribuent aussi les lettres, les chères lettres, lourdes des baisers déposés, des nouvelles contenues : naissance d'un fieu, mort d'un ancien, accordailles d'une amie, lettres tachées parfois par une larme tombée sur le papier. Lettres enfin apportant avec elles comme un parfum du pays des fleurs d'ajoncs, du pays des grands calvaires et des clochers à jour, des belles coiffes et des gilets brodés.

A vivre ainsi, presque continuellement exposés à un péril certain, à côtoyer chaque jour de si près le danger, l'on devient presque inévitablement brave. De là tous ces sauvetages émouvants opérés en mer par de simples pêcheurs qui se jettent dans l'Océan comme des soldats se jettent au feu, qui bravent la fureur des flots comme d'autres la poudre et la mitraille. Et ces humbles s'en vont dans la vie, grossissant cette armée du bien que nous trouvons à tous les degrés des classes sociales et prouvant, une fois de plus, que s'il en est qui tombent, il en est qui s'élèvent; que s'il en est qui rampent, il en est aussi qui planent. Ainsi, tandis que beaucoup sèment la haine et la discorde, vont même parfois jusqu'à porter le fer homicide sur leurs semblables, d'autres, de simples hommes du peuple, élevés sur nos côtes, se portent au contraire vers ce prochain, le plus souvent inconnu d'eux, et, comme le bon Samaritain de l'Évangile, ils le chargent sur leurs épaules, pansent ses plaies et l'arrachent même à la mort, allant jusqu'à risquer leurs vies, comme s'il n'était rien de plus naturel au monde.

Inclinons-nous devant ces êtres dont la bonté déborde autour d'eux et, puisqu'il s'agit ici de sauveteurs, saluons de loin tous ceux qui, sur un point quelconque de l'Océan, bravent ses vagues et ses tempêtes pour lui disputer des existences et sauvegarder des vies.

C'était le 22 mars 1913, dans la nuit, la neige tombait en véritables rafales, la tempête faisait rage, une barque, la *Marie*[1], s'était échouée sur les bas-fonds de Thaisborough et la mer achevait son œuvre, démontait, démolissait, mettait en pièces le navire français. Vingt-deux hommes de l'équipage s'étaient réfugiés dans le canot de sauvetage, et c'est là qu'un chalutier anglais, de passage dans ces parages, vint les recueillir.

Le capitaine et le second de la *Marie* étaient restés à

[1] Barque française montée par des Français.

bord, ne voulant pas quitter leur poste avant que tout l'équipage ne fût sauvé. Or, par suite des avaries encourues, le bateau de sauvetage ne put revenir chercher ces deux hommes. C'est alors que le commis des vivres, dans un élan superbe autant que spontané, n'admettant pas que son capitaine pût mourir sans lui, se jeta héroïquement à la mer et, à la nage, regagna son supérieur, toujours en péril. Toute la nuit, les trois naufragés restèrent sur le radeau, entre la vie et la mort, et ce ne fut que le lendemain qu'ils purent enfin être retirés des flots par le navire anglais.

Il me plaît de terminer ces quelques pages consacrées à nos marins sur ce trait qui m'a semblé, par son éloquente simplicité, résumer en lui-même les quelques réflexions faites ci-dessus. A lui seul, il en dit plus que les meilleurs de tous les arguments. A ceux qui, pour être convaincus, ont besoin de preuves, je laisse celle-ci trouvée sur mon chemin. C'est une fleur de plus qui vient s'ajouter à la gerbe, déjà grosse, de gestes splendides accomplis journellement par les nôtres. C'est un parfum qui vient se joindre à beaucoup d'autres parfums qui, tandis que je trace ces lignes, m'embaument et me ravissent, et dont l'arome, je l'espère, passera jusque dans le moindre de ces feuillets, leur communiquant le charme secret que laissent après elles les grandes et les belles âmes.

A un journaliste, qui demandait à un mineur échappé de la terrible catastrophe de la *Clarence* quel métier il allait dorénavant entreprendre :

« Je redescendrai dans la mine le plus tôt possible, » lui fut-il répondu [1].

[1] *France illustrée* du 14 septembre 1912.

Et l'ingénieur Dupont? Il était enfin remonté. Il respirait, il revoyait le jour, la lumière, il pouvait embrasser les siens, et voilà que, soudain, apprenant que deux ouvriers manquent à l'appel, s'étant probablement égarés, il renonce au salut, à la vie et redescend dans la mine à leur recherche. La mort le saisit à leurs côtés! Nous sommes ici en plein dans l'héroïsme!

Dans toute catastrophe, remarquons-le à ce propos, il y a ceux qui succombent victimes du devoir professionnel et ceux qui meurent victimes de leur dévouement pour autrui. On pourrait se demander quels sont les plus méritants. Peut-être pourrait-on penser que ceux qui se portent délibérément au secours de leurs semblables, risquant leur vie pour eux, alors que souvent le devoir ne leur demande pas un tel sacrifice, offrent par là-même l'exemple de la charité dans ce qu'elle a de plus pur et de plus beau. Mais l'homme qui, au péril de son existence et pour assurer un service quelconque, — le mécanicien sur sa machine, le pilote à son bord, l'ingénieur dans la mine, le soldat à son poste, — ne concourent-ils pas, eux aussi, à préserver, à sauvegarder de nombreuses vies humaines? Tous, on peut l'assurer, obéissent à un sentiment surélevé que l'on ne saurait trop admirer. D'ailleurs, quoi qu'il en soit, ne sondons pas de si beaux états d'âme. A Dieu seul revient le droit de peser les intentions et de récompenser dans la mesure de la grandeur du sacrifice. Inclinons-nous plutôt devant cette sublime énergie du bien qui ne s'arrête jamais en France et qui produit, chaque jour, sur un point quelconque du territoire, — que ce soit sous le ciel d'azur suspendu sur nos têtes, c'est-à-dire en pleine lumière, ou dans les sombres entrailles de la terre, — des actes d'une endurance aussi belle que ceux qui sont présentés à notre admiration.

Peut-on bien s'imaginer ce que doit être une existence entière passée sous le sol que nous piétinons et continuellement exposée aux coups de grisou, aux éboulements, aux inondations des galeries souterraines? Le fait même de ne pas voir la lumière du jour, d'être privé de tout horizon, de ne jamais dilater sa poitrine à l'air vivifiant de la brise et de se voir condamné à vivre continuellement ou presque continuellement dans les ténèbres, éclairé seulement par la lueur misérable d'une petite lampe, suffit pour inspirer une profonde pitié. Et, tandis que les jours succèdent aux jours, sans que jamais le moindre rayon dé soleil ne s'infiltre sous ces voûtes au-dessus desquelles l'humanité marche, rit et se meut, ces hommes piochent, travaillent et suent pour gagner le pain de leurs enfants, faisant jaillir du roc le minerai qui doit réchauffer et égayer le foyer du pauvre aussi bien que le foyer du riche.

Tandis que, distraits par le spectacle de tout ce qui nous entoure, nous arrêtons complaisamment nos yeux tantôt sur un vert paysage, tantôt sur un ciel constellé d'étoiles, ou bien encore sur un de ces grands et gracieux oiseaux sur lesquels les mains de l'homme ont fixé des ailes, eux, les ouvriers de la mine, ont forcément les yeux continuellement fixés vers le sol. Ils ont beau lever leurs paupières et chercher à percer ces voûtes impénétrables sous lesquelles ils vivent, peine inutile, ils ne voient rien de ce qui se passe au dehors, ils n'entendent rien des bruits extérieurs, ils ne jouissent de rien de ce qui charme les regards et captive l'esprit. Il leur faut renoncer à ces satisfactions intimes et profondes que tout être humain goûte et ressent à la vue du beau. Mais ce n'est pas tout! Voilà que tout à coup, trop souvent, hélas, la mort vient les saisir en plein travail, dans leur sombre caveau, leur arrachant jusqu'à l'espoir et la consolation de s'endormir pour toujours, entourés des leurs, dans la maison familiale et sous le beau soleil du bon Dieu. Comme il fait bon, en songeant à toutes ces choses, s'arrêter un instant, et, tout en mesurant par la pensée l'inégalité des classes sociales, élever très haut son âme vers Celui pour lequel tout acte peut devenir mérite, tout sacrifice, un prélude de gloire.

C'est alors, quand il se produit une de ces catastrophes terribles comme il en arrive de temps à autre, que tous, ingénieurs et mineurs, rivalisent de générosité, risquant leurs vies, sans même y prendre garde, pour tenter de périlleux et émouvants sauvetages.

A Saint-Martin-de-Valdaques, le 24 septembre 1912, un seul coup de pic d'un mineur suffit, — on le supposa, du moins, — pour crever une poche d'acide carbonique. Vingt-huit ouvriers restés au fond de la mine, à deux cent cinquante mètres de profondeur, furent asphyxiés. Un seul put être remonté suffisamment à temps pour échapper à la mort.

Des héros, il y en a chez les mineurs comme il y en a chez les marins, comme il y en a partout. Partout, en effet, grâce à Dieu, nous trouvons des âmes qui se donnent et des êtres qui se dévouent, et ceux-là font heureusement oublier les pires égoïstes dont le monde est plein.

Si la phalange de ceux qui font le bien est, en effet, relativement petite, ce qu'elle produit est si beau qu'elle éclipse totalement la veulerie du plus grand nombre.

Des héros, nous en trouvons chez les cheminots. Oui, dans ces aiguilleurs, dans ces chauffeurs, dans ces mécaniciens, dans tous ceux enfin qui concourent à diriger, à conduire ces monstres roulants que sont les locomotives actuelles, il en est qui, devant un danger subit, un obstacle imprévu, sacrifient généreusement leur vie pour assurer celles que transportent journellement nos grands trains et nos vertigineux rapides. L'année 1912, en particulier, a été féconde en actes de courage obscurément accomplis par ces modestes travailleurs.

Faut-il parler maintenant de ces humbles gardiens de la paix, de ces agents de police, qui veillent alors que nous dormons, et qui nous protègent, jour et nuit, contre les audacieux et terribles bandits qui pullulent aujourd'hui? M. Lépine, dans le discours qu'il prononçait devant le cercueil de M. Jouin, disait qu'en cinq ans treize braves, appartenant au corps de la police, étaient tombés sous les coups des assassins : six gardiens de la paix, trois sergents de ville, deux inspecteurs, deux commissaires de police!

J'ai nommé M. Jouin! Rappelons que c'est le 25 avril 1912 qu'à Ivry-sur-Seine mourait le chef de la sûreté, atteint par une balle tirée par le trop fameux Bonnot. Le brigadier Colmar, qui l'accompagnait, était blessé à ses côtés.

Quant à M. Guichard, le chef même de la sûreté, s'il ne paya pas de sa vie sa courageuse audace, ce ne fut pas de la faute du bandit qui, à Choisy-le-Roi, où il s'était réfugié, tira sur lui, directement, un coup de revolver. Quelque temps après, c'était à Nogent-sur-Marne que M. Guichard et ses agents étaient à nouveau exposés aux balles de Garnier et de Vallet.

Je voudrais ne passer aucun genre de bravoure, j'aimerais à m'arrêter devant tous ceux qui s'oublient en faveur des autres. Il me plairait de signaler, non seulement toutes les formes du dévouement, non seulement toutes les actions d'éclat, mais encore, mais aussi de souligner tous ces efforts généreux et persévérants tentés par les nôtres pour contribuer d'une façon quelconque à la gloire de la France. Mais la tâche est immense et je dois me borner. Je me contente donc de signaler les pionniers de la civilisation, ces hardis explorateurs qui bravent les imprévus des pays encore inconnus pour ouvrir à la science de plus beaux et de plus vastes horizons. Parmi eux, comment ne pas nommer le docteur Legendre et son compagnon, le lieutenant Désiré, l'explorateur Foureau, qui s'était donné pour tâche l'étude du Sahara. Il l'avait parcouru dans tous les sens, l'avait même traversé, allant d'Alger au Tchad, dressant des cartes, fixant des plans, notant les ressources, etc.

J'arrive maintenant à une tout autre forme du dévouement, dévouement qui atteint parfois à la hauteur de l'héroïsme, et qu'Henri Bordeaux personnifiait si bien dans sa jolie pièce du *Médecin de campagne.*

Le dévouement des docteurs, il est vraiment proverbial, et nous devons être reconnaissants au grand écrivain que je viens de nommer de lui avoir consacré de si belles pages et de l'avoir, par là même, fait sortir de l'obscurité où il s'accomplit bien souvent.

Le cas du docteur Mesny, par exemple, mort là-bas, en Mandchourie, où il était allé soigner les malheureux atteints par le terrible fléau de la peste, n'est-il pas un superbe modèle de l'esprit de sacrifice que l'on rencontre continuellement chez ceux dont il semble que la vocation soit celle de se dévouer? Un certain nombre de journaux ont reproduit la lettre si touchante qu'avant de mourir il écrivait à sa femme, lui adressant ses adieux, ainsi qu'à sa chère petite fille.

Que dire du docteur Guinard, chirurgien en chef de l'Hôtel-Dieu, lâchement assassiné par un malade que l'opération n'avait pu guérir totalement?

J'ai noté ce joli mot de lui, alors que, transporté tout sanglant sur la table d'opération, sur laquelle tant de fois il avait pratiqué lui-même, il dit à tous ceux qui l'entouraient et qui avaient peine à cacher leur émotion : « Quelle belle urgence cela va faire ! »

Mais ce qui est plus admirable encore, ce fut la sérénité de son âme devant la cruelle réalité. Il n'eut, jusqu'aux dernières minutes de sa vie, que des paroles de pitié pour son assassin, et ce fut en pleine connaissance qu'après avoir fait appeler sa femme et ses deux filles, ses internes et ses aides, il fit venir un prêtre de ses amis afin d'être tout prêt à entrer dans son éternité.

Un autre nom se présente également à mon esprit, celui de l'aide-major Joly, victime du devoir, lui aussi. Sans prendre garde à la contagion dont il connaissait bien pourtant les funestes conséquences, il se prodiguait à l'École d'application du Val-de-Grâce, près de soldats atteints de la fièvre typhoïde. Hélas ! le terrible mal ne l'épargna pas. A son tour il fut frappé mortellement et succomba.

Il ne s'agit plus d'un docteur, mais d'un simple caporal du 5e régiment d'infanterie, à Limoges, le caporal Bérard, de service dans l'infirmerie d'un bastion où règne la rougeole. Se sentant pris, lui aussi, comme ceux qu'il soigne, il ne veut pas quitter son poste, craignant que son absence ne nuise aux malades qui lui sont confiés. Forcé de s'arrêter, il part enfin en permission et meurt, après avoir toutefois demandé à sa famille de le faire enterrer revêtu de sa tenue militaire et avec la copie d'une lettre de son chef, témoignant de sa conduite exemplaire.

D'autres hommes, des apôtres, ceux-là, dans toute l'acception du mot, bravent continuellement les dangers que portent avec elles les maladies contagieuses. La presse, — la bonne, j'entends, — a souligné le nom de ce jeune prêtre, l'abbé Pujos du Coudray, qui, il y a quelques mois, à Versailles, appelé auprès d'un canonnier du 11e d'artillerie, malade d'une fièvre infectieuse, prend la maladie et succombe à son tour. Le prêtre avait été prévenu de ce qui l'attendait; mais, n'écoutant que son grand cœur, non seulement il était accouru près du moribond, afin de lui porter les secours de la reli-

L'abbé Richard sauve six personnes projetées dans la Seine par un autobus.

gion, mais il s'était efforcé de remplacer près de lui sa mère absente, l'encourageant, le soutenant dans les suprêmes angoisses et lui dévoilant les merveilleuses espérances de l'au-delà.

Que d'autres beaux faits de ce genre seraient à citer encore! Ils sont nombreux les héros en soutane, et l'an dernier toute la presse, et après elle la Sorbonne elle-même, acclamait l'abbé Richard, jeune professeur à l'institut Lamartine, de Belley, qui, le 27 septembre 1911, au pont de l'Archevêché, de Paris, sauvait six personnes projetées dans la Seine par un autobus.

Ces gestes-là ne sont pas rares, et si je dois me contenter de signaler quelques faits, de retenir quelques noms, c'est que semblables traits sont presque courants dans notre clergé séculier. Plus loin, dans un autre chapitre, j'aurai à rendre hommage à nos missionnaires qui s'en vont, à vingt ans, le sourire sur les lèvres et la joie au cœur, se lancer dans la fournaise, n'ayant pour se soutenir contre les dangers de toutes sortes qui les attendent que l'ardeur de leur foi et la grandeur de leur amour. Mais pour rester sur notre terre de France nos prêtres de paroisse, lorsque l'occasion surgit, sont à la hauteur de leurs frères religieux. Il me plaît ici de le constater.

Peu de jours après l'acte héroïque accompli par M. l'abbé Richard, à Chalan-la-Poterie, en Maine-et-Loire, le vicaire de l'endroit, M. l'abbé Pontillon, sauvait un ouvrier descendu dans une cave où se trouvaient plusieurs barriques de vin en fermentation. Du même coup il délivrait la patronne de cet homme, descendue pour se rendre compte de ce qui était arrivé. Déjà plusieurs tentatives de sauvetage étaient restées infructueuses; c'est alors que le prêtre voulut essayer, lui aussi, de porter secours aux malheureux. Quatre fois il se vit dans l'impossibilité de surmonter la force des gaz, mais il ne se tint pas pour battu et sa persévérance fut enfin récompensée. Grâce à lui, les deux victimes furent ramenées à l'air et ranimées par des soins énergiques.

D'autres fois, c'est dans un incendie, ou en se jetant à l'eau, en arrêtant des chevaux emballés, que sais-je, en tentant d'arracher des vies à la mort, que nos prêtres se dévouent, courant, volant au danger et semant ainsi autour d'eux la bonté qui rayonne.

Qui n'a pas à l'esprit ou qui n'a pas entendu parler de la terrible catastrophe de Melun qui, en 1913, fit tant de victimes? On se souvient de l'agonie effroyable de Mme Amic, agonie qui dura l'espace d'une nuit tout entière. Elle était là, la pauvre femme, prisonnière d'une locomotive incandescente qui menaçait à tout instant de s'effondrer sur elle. En vain s'épuisait-elle en cris d'angoisse, en appels, suppliant qu'on la délivrât. Toute tentative restait impuissante, tout secours était impossible. Et les heures semblaient des siècles. Elles se succédaient les unes aux autres, sans apporter non seulement aucun soulagement, mais même aucun espoir de délivrance à cette malheureuse engagée sous l'énorme masse de ferraille qui la tient dans ses griffes.

C'est alors qu'une idée charmante, bien digne de jeunes soldats français, vient à s'emparer de plusieurs qui sont là, témoins impuissants d'un tableau déchirant. S'ils ne peuvent mettre au service de la malheureuse femme qui râle et agonise devant eux leurs bras vigoureux, du moins ils lui apporteront la douceur de leur compassion et le rayon de l'espérance. Un petit soldat se glisse près de la moribonde, dans la prison ardente où l'on brûle lentement, risquant ainsi la mort sous l'une de ses formes les plus affreuses. Il lui parle, il l'encourage et va même jusqu'à prononcer le mot de délivrance.

« Ne vous désolez pas, madame, les secours vont arriver, vous serez sauvée. »

Et, pendant une heure durant, il charme et il console, jusqu'à ce que sa voix s'arrête dans sa gorge; il étouffe, il s'évanouit.

Alors on le retire comme on peut, mais un autre pioupiou

prend sa place et continue la mission sublime. Et, tant que la nuit dure, les soldats se remplacent, se disputant ce poste d'honneur, tandis que, pour dissiper les angoisses qu'apportent les ténèbres, un autre troupier éclaire la scène d'une lampe à acétylène, sans cesse rechargée. Ainsi, pas un seul moment, l'héroïque faction ne manqua de sentinelles. Il fallut que la mort vînt pour les relever de la consigne qu'elles s'étaient à elles-mêmes si généreusement imposée.

De l'abnégation, du dévouement, de l'héroïsme même, j'en trouve aussi chez des serviteurs à l'esprit d'autrefois, qui s'emploient pour leurs maîtres comme au bon vieux temps, trouvant dans leur attachement pour eux de touchantes intuitions que l'on ne saurait trop admirer à l'époque où nous vivons. Presque chaque année, d'ailleurs, il est à remarquer que l'Académie française décerne des récompenses à quelques-unes de ces braves servantes qui donnent à leurs maîtres non seulement leur temps, mais leurs bras et leur cœur. Citons ici, pour nous résumer, cette Jeanne Monnot, âgée de soixante-quatre ans, qui, en allumant sa lampe à alcool, mit le feu à ses vêtements et qui, seule avec les trois enfants qui lui étaient confiés, eut le courage héroïque, sans pousser un cri, afin de ne pas effrayer les petits, de se rouler dans une couverture et, bien qu'atrocement brûlée aux mains et au ventre, de coucher les bébés et de les endormir les uns après les autres, en leur chantant un air du temps jadis.

Ce fut seulement au retour de ses maîtres que la domestique dut avouer l'état dans lequel elle se trouvait. La gravité de ses blessures était telle qu'elle dut être transportée à l'hôpital Beaujon, où elle mourait quelques heures après.

Ainsi donc, la pauvre vieille chantait et berçait les petits de ses maîtres, alors que la mort traçait sur elle son œuvre.

Elle chantait de ces refrains doux et mélodieux qui ont le don de faire clore les paupières des beaux enfants blonds. Elle chantait, et c'était la France, la vieille France, la bonne France qui chantait ainsi par elle. Et, tandis que sa voix, peut-être chevrotante, endormait les bébés, eux, les innocents, s'en allaient au pays des rêves, ne se doutant pas que, pour éviter qu'un pli ne vienne à se former sur leurs fronts ingénus, qu'une larme ne vienne à se glisser sur leurs paupières roses, une femme souffrait d'atroces tortures et leur souriait quand même. Elle chantait, la fidèle servante, et peut-être que ses yeux pleuraient les larmes de l'adieu. Elle chantait et sa voix tremblait, et ses mains la brûlaient, mais son vieux cœur battait quand même pour ceux-là qu'elle berçait et sur lesquels tendrement elle se penchait.

Nous avons parcouru ce champ merveilleux où fleurissent les grandes âmes. Nos doigts ont pressé leurs doigts, nos oreilles ont recueilli les sons et les mots qui tombaient de leurs bouches. Il nous reste à écouter la voix des petits et des jeunes et, là encore, nous attendent d'étonnantes surprises. Ces enfants vers lesquels nous nous penchons, semble-t-il, avec une certaine condescendance, que souvent même nous dédaignons, ils sont parfois nos maîtres. Certains ont, tout petits qu'ils sont, senti passer en eux le souffle qui fait les bons et les forts et, poussés, pressés par une voix intérieure, ils ont couru, volé au secours de leurs semblables, grossissant ainsi la mesure des efforts donnés, le poids des sacrifices accomplis, et apportant ainsi leur part à la somme d'honneur dont se glorifie chaque jour la Patrie.

IV

LES PETITS. — LES JEUNES

« La prédestination de l'enfant,
c'est la maison où il est né. »

LAMARTINE.

Les jeunes ! Et pourquoi ne pas ajouter : les petits? Ils se pressent, en effet, devant moi, ces nobles bambins, ces enfants de cinq, de six, de huit ans, qui, malgré la faiblesse de leur âge et la petitesse de leur taille, n'écoutant que le sang généreux qui coulait dans leurs veines, se sont élancés, les uns dans les vagues rugissantes d'une mer en courroux, les autres dans les flammes dévorantes d'un incendie ou sous les roues de ces automobiles, semeuses de blessures et de morts, et cela pour arracher leurs semblables à un péril imminent. A ceux-là viennent s'ajouter, plus nombreux encore, des garçons et des fillettes de dix et de douze ans, puis des jeunes gens et des jeunes filles de seize et de dix-huit ans.

O ma France, sois fière de tes enfants ! Il ne leur suffit pas d'atteindre l'âge où l'on porte les armes, où l'on se donne tout entier dans l'ivresse du combat ou dans l'ardeur de la mêlée, pour te prouver leur amour et grandir ton honneur. Mais c'est à l'âge innocent des jeux, c'est en sortant, pour ainsi dire, du berceau, qu'ils font éclater la vigueur et la générosité de la race, ajoutant ainsi un rayon de gloire à tous ceux dont se parent tes drapeaux.

Pour tout homme, en général, l'enfant, c'est le bébé frais et rose, aux jolies boucles blondes, chanté particulièrement en de si gracieux vers par Victor Hugo, Jean Aicard, et dont un poète a pu dire :

> Que tout le firmament se mirait dans ses yeux.

L'enfant, c'est le petit être faible et timide qui nous plaît par sa candeur et sa simplicité et que nous avons peine à nous représenter sortant de ce rôle charmant, mais absolument effacé, pour devenir soudain une personnalité. Pourtant, les faits sont là, ils pullulent, et je ne sais rien de plus touchant que ces traits magnifiques accomplis par des petits, que ces exploits splendides dus à leur courage et à leur intrépidité.

Je m'en voudrais, en ce livre destiné à recueillir, comme en une vaste gerbe, quelques-uns des traits de bravoure ayant journellement pour auteurs des Français, de ne pas consacrer un chapitre, dût-il ne contenir que quelques pages, à ces héros — le mot n'est pas trop fort — qui excitent d'autant plus la sympathie et l'admiration, que leur âge est plus tendre et leur complexion plus délicate.

Aux petits enfants prenant joyeusement leurs ébats, courant après les légers papillons, aux écoliers penchés sur leurs pupitres et trouvant bien ingrate la tâche et bien ardue la leçon, je dédie ce chapitre. Puissent-ils, de temps à autre, méditant ces faits accomplis par des leurs, s'imprégner de ces nobles exemples et rêver de se dépenser, eux aussi, lorsqu'en sonnera l'heure, au service des autres. Chacun, à tout moment, peut et doit devenir apprenti du bien. Si le rôle de héros ne convient pas à tous, du moins à chacun la divine Providence a départi la mission d'être bon. L'enfant, tout jeune et tout petit qu'il soit, possède en lui-même un joyau d'un prix inestimable, qui rayonne de mille feux divers et d'où partent tous les élans généreux et toutes les nobles initiatives, je veux parler du cœur. Lorsqu'il parle, lorsqu'il agit, lorsqu'il envoie un baiser ou fait une caresse, lorsqu'il sourit, c'est un peu de lui-même que l'enfant donne alors, s'apprenant ainsi tout naturellement à répandre autour de lui ce charme spécial et précieux qui souvent, bien souvent, ici-bas, a le don de ramener la joie sur un visage voilé par les larmes.

Dans l'année 1912 eut lieu, pour la première fois, la répartition de dons provenant d'une fondation faite par un milliardaire, M. Carnégie, qui, dans un superbe geste, donna en 1909, à l'État français, cinq millions de francs, en vue de récompenser les actes d'héroïsme accomplis sur le territoire même de la France. Or, parmi les lauréats, sachez que deux sont des fillettes de six ans. Six ans? Oui, six ans, vous avez bien lu. Six ans? l'âge où l'on joue à la poupée, où l'on pousse le cerceau, où l'on saute à la corde.

L'une, la petite Mélanie Chabrier, a arraché aux flammes un petit être de deux ans; l'autre, Jeanne Decloz, a sauvé un enfant qu'allait écraser une automobile.

Déjà un enfant de cinq ans, Eugène Martin, à l'une des fêtes qui chaque année ont lieu en l'honneur des « Sauveteurs de la Seine », avait été cité pour s'être bravement jeté dans le fleuve au secours d'un petit camarade, en danger de périr. Il avait réussi à le saisir et l'avait ramené triomphalement sur la berge.

Une fillette de sept ans, Rosette Fournier, le 4 septembre 1912, sauvait par son sang-froid deux ouvriers menacés d'être engloutis par suite d'un éboulement qui se produisit dans une tranchée qu'ils creusaient contre un canal. Les malheureux auraient été certainement noyés, envahis qu'ils étaient par l'eau qui découlait avec une rapidité effrayante, si l'enfant, comprenant le danger qu'ils couraient, ne s'était mise à creuser avec ses petites mains une rigole où l'eau se rua et permit aux ouvriers d'attendre qu'on vînt à leur secours.

Il y a peu de temps, un garçon de dix ans, Henri Massé, dont le père est égoutier de la ville de Paris, trouvait la mort en tentant de sauver un condisciple qui se noyait.

A Montivilliers, près du Havre, en juillet 1912, un certain jeudi soir, une brave femme, la nommée Soyer, mère de plusieurs enfants, profitant du jour de congé des petits, les emmena cueillir de l'herbe pour ses animaux, le long des rives de la « Lézarde ». Le jeune Henri, âgé de onze ans, devançant ses frères et sœurs, courait gaiement en avant. Soudain l'enfant s'arrête en regardant couler l'eau. Il a vu quelque chose d'étrange porté par l'onde, un paquet, lui semble-t-il. Il regarde plus attentivement : nul doute, c'est un enfant, un pauvre petit, déjà mort, peut-être, et que la rivière emporte avec elle.

Henri n'hésite pas. Il ne prend même pas le temps d'appeler sa mère, il se jette hardiment dans les flots et va jusqu'au nouveau petit Moïse qu'il saisit dans ses deux bras et qu'il ramène fièrement à sa mère. La brave femme, qui de la rive avait suivi le drame et tremblé pour son fils, se met en devoir de réchauffer le petit. Quelle joie pour tous, lorsqu'à force de soins et de frictions l'enfant pousse un soupir. Il vit! s'écrie-t-on. Il vit, en effet, grâce au courage du jeune Henri. La Société des Sauveteurs de la ville du Havre, apprenant la chose, a fait écrire au père Soyer que le nom d'Henri figure dès maintenant sur le livre d'or de la société. Le préfet de la Seine-Inférieure, de son côté, a fait savoir qu'il avait sollicité pour lui, du ministre de l'Intérieur, une mention honorable.

Comme nous l'avons déjà constaté bien des fois dans ce livre, à peine un acte de courage a-t-il été accompli, que soit une œuvre, soit une société particulière, soit l'Académie, soit le Gouvernement lui-même, s'empressent d'honorer d'une récompense quelconque les auteurs de ces hauts faits. Ce n'est que justice, et tous applaudissent de loin, comme de près, à des approbations et à des distinctions si bien méritées; mais, comme le disait un jour M. Lavedan, prononçant le discours sur les prix de vertu, en parlant de tous ces braves gens qui se pressaient autour de lui, riches, bien souvent, seulement de ce qu'ils avaient donné :

« Ils ont vidé leur cœur à flots, à pleins verres de bonté, et nous les récompensons à petites cuillerées, au compte-gouttes. »

La chose est littéralement exacte. Qu'est-ce donc, en effet, qu'un diplôme, une mention quelconque à celui qui, sans hésiter, a risqué sa vie pour un autre, dans une de ces minutes suprêmes où le cœur bat à rompre dans une poitrine humaine, devant l'imminence du danger couru par quelqu'un? De plus, combien ne seront jamais récompensés ici-bas que par la satisfaction intime et profonde que tout acte de grandeur morale produit chez celui qui l'a fait! Que ceux-là, comme tous, d'ailleurs, regardent plus haut, de par-delà le beau firmament bleu suspendu sur nos têtes. Elle sonnera l'heure de la suprême justice où, si le simple verre d'eau reçoit sa récompense, la main tendue à celui qui allait périr, la goutte de sang versée pour autrui, la vie offerte et donnée, seront largement et royalement payées.

Faut-il maintenant rappeler l'admirable conduite des deux enfants Matelot, l'un de dix ans et l'autre de sept ans, qui, dans la nuit du 18 avril 1911, tandis que leur père — le gardien du phare de Kerdonis — agonisait, firent tourner, avec leurs faibles bras, le feu du phare dont le mécanisme, hélas, en cette nuit fatale, ne fonctionnait pas? De 9 heures du soir à 7 heures du matin, tout en haut de la tour, les deux petits orphelins firent la manœuvre afin d'éviter des catastrophes en mer, et cela tandis que, dans le bas du phare, leur maman procédait, en pleurant, à la toilette du mort et montait la funèbre veillée.

Et cette nuit-là dormaient bien fort les enfants heureux, blottis dans leurs beaux petits draps blancs! Tandis que bercés, peut-être, par les chansons d'une grand'mère, ayant reçu le baiser paternel, ils rêvaient aux fées, aux lutins, aux fleurs, aux oiseaux, que sais-je, à tout ce qui charme et sourit, à cette heure-là même, là-bas, en Bretagne, en Belle-Ile-en-Mer, à deux kilomètres de toute habitation, dans le haut d'un phare battu par les flots, deux garçons, deux petits garçons, sauvaient, en dépit des larmes qui tombaient de leurs yeux, par leur énergique volonté, d'un naufrage certain tous les navires passant au large, dans la région du phare.

En 1912, la presse signalait à notre attention un jeune homme de quinze ans, Pierre Quesnel, auquel l'Académie française avait décerné un prix pour s'être fait le père d'adoption de ses trois neveux, privés de leur mère par la mort et abandonnés de leur père. Sans autres ressources que son modeste salaire d'apprenti-électricien, le généreux enfant pourvoyait à tout.

J'ai connu un autre petit homme, apprenti, lui aussi, qui sur sa paye de vingt sous trouvait le moyen de faire vivre son grand-père et sa grand'mère et qui, de plus, prélevait chaque semaine le prix d'un billet de tramway qu'il offrait, le dimanche, à son aïeul, afin de permettre au vieillard de se distraire ce jour-là, pendant une heure, en faisant le tour de la ville sans fatiguer ses pauvres jambes usées.

Voilà des actions obscures, ignorées du grand public, et, certes, combien méritoires, puisqu'elles supposent un dévouement et une abnégation de tous les jours et de tous les instants.

« C'est pour maman ! » Ainsi s'exprimait un de ces pauvrets que l'œuvre d'Auteuil, dirigée par M. l'abbé Blétit, recueille avec tant de paternelle sollicitude et dont elle fait de braves garçons et d'honnêtes ouvriers. Et l'enfant montrait quelques sous récoltés un par un, qu'il réservait à sa mère.

Ce mot si joli dans sa simplicité : « C'est pour maman ! » m'en rappelle un analogue prononcé, celui-là, par un jeune homme, à Lourdes, et recueilli sur ses lèvres par moi-même.

« Il avait dix-huit ans et ne marchait pas ! C'était un jeune paysan, à la bonne figure, qu'égayait toujours un doux et mélancolique sourire. Ce n'était pas la première fois qu'il venait à Lourdes, mais à chaque pèlerinage il apportait dans son cœur l'espoir de revenir chez lui sur ses deux jambes. Chaque jour il suivait les malades à la piscine, à la grotte où la Vierge de Massabielle se plaît à semer les miracles, sur l'esplanade du Rosaire, partout enfin ! Presque chaque jour aussi, il voyait de ses compagnons d'infortune, infirmes comme lui, qui se levaient guéris et, dans son âme ensoleillée par le rayon d'espoir qui l'illuminait, il se disait que son tour, à lui, viendrait peut-être aussi. Hélas, il ne vint pas, cette fois du moins; mais ce que j'entends encore, ce que j'ai retenu, c'est le joli mot qu'il me disait pour expliquer le motif pour lequel il souhaitait si ardemment sa guérison : « C'est pour papa! S'il me voyait marcher, cela le ramènerait[1]. »

Il est bon, il est réconfortant, de rencontrer de telles délicatesses de sentiments chez des âmes d'enfants ou tout au moins d'adolescents. Tout ce qui vient du cœur nous arrive comme revêtu d'un charme exquis, et c'est pourquoi, bien qu'il ne s'agisse point ici de faits extraordinaires, capables de frapper l'imagination, je n'ai pu résister au plaisir de consacrer quelques lignes à deux ou trois de ces humbles, et j'ai l'espoir qu'elles ne seront pas de trop dans ce chapitre.

« C'est pour maman! » aurait pu dire un bel adolescent de treize ans, Gaston Plaquerault, qui, il y a quelques mois à peine, alors que sa mère allait mourir d'une terrible hémorragie, se livrait aux docteurs pour que celle-ci fût sauvée par l'opération de la transfusion du sang. Comme personne ne voulait se prêter à cette opération, le jeune Gaston vint en pleurant trouver les médecins :

« Faites de moi ce que vous voudrez, mais sauvez ma mère. »

Le fait se passait dans le village de Tilleul, près d'Yvetot.

Le dévouement fraternel sut inspirer le même sacrifice à une fillette de douze ans, en juillet 1912, à Ajaccio. Pour sauver sa sœur, dont le buste entier — de la taille au cou —

[1] *A l'École du bonheur*. M. Rochenor. Cattier, éditeur.

avait été épouvantablement brûlé, l'enfant se prêta avec un merveilleux courage à l'opération de la greffe humaine. A vingt-six reprises différentes, des lambeaux d'épiderme furent arrachés à l'héroïque fillette sans que jamais elle proférât une seule plainte.

Ajoutons bien vite que son dévouement ne fut pas inutile, sa sœur fut sauvée.

J'arrive maintenant à ce lycéen de seize ans, Raymond Marmiesse, qui, le 5 novembre 1911, alors qu'il passait dans une rue de Cahors, fut mordu par un chien enragé et maintint la bête sous lui, jusqu'à ce que celle-ci pût être étranglée par un nœud coulant.

A des passants épouvantés qui lui criaient de lâcher l'animal, l'héroïque jeune homme répondit par ces admirables paroles que je voudrais transcrire ici avec de l'encre d'or :

« Non, car il en mordrait d'autres. »

Ah! ce « il en mordrait d'autres », comme il est beau, n'est-ce pas, et comme il en dit long sur la grandeur d'âme du jeune Marmiesse. Qu'il fait bon, en ce temps de veulerie générale, de se mettre en face d'un caractère de cette trempe et comme elle peut être fière la femme qui a su élever son fils dans de tels sentiments!

Ce fait, qui a mérité à son auteur la médaille d'or de la fondation Carnégie et auquel le préfet du Lot a remis une médaille d'argent, décernée par le ministre de l'Instruction publique, me rappelle un autre trait de la même nature que M. Vallery-Radot nous rapporte dans sa *Vie de Pasteur*. Il s'agit ici d'un nommé Jupille, un enfant mordu également par un chien enragé, qui, pour protéger ses compagnons,

— cinq petits bergers gardant leurs troupeaux, — de l'animal furieux, se précipita droit sur la bête. Mordu à la main droite, l'enfant, — il n'avait que quinze ans, — de la main gauche ouvre la gueule du chien afin de dégager son membre, puis saisit l'animal par le cou et, avec la lanière de son fouet, parvient à lui lier la bouche. Ensuite, avec son sabot, il assomme la bête, la traîne jusqu'au ruisseau le plus proche et lui maintient la tête sous l'eau jusqu'à ce qu'elle soit morte.

A la suite de ses morsures, Jupille fut confié à Pasteur qui n'avait encore appliqué sa méthode contre la rage qu'une seule fois. Jupille fut sauvé!

Actuellement, Jupille est gardien à l'Institut Pasteur, et, chose extrêmement rare, il peut admirer sa propre statue qui s'élève dans les jardins de l'Institut. Il est représenté enfant, luttant contre le chien enragé qui l'avait mordu et le maîtrisant.

J'ai devant moi une lettre que M. le proviseur du lycée de Cahors m'a fait l'honneur de m'écrire et dans laquelle il me dit que le jeune Marmiesse dirigé sur l'Institut Pasteur, aussitôt après ses blessures reçues, a été admirablement soigné, et qu'ensuite il s'est remis au travail avec la même simplicité qu'auparavant.

« C'est, ajoute-t-il, un charmant et brave enfant que ni les lettres reçues de tous côtés, ni la lettre officielle et la médaille d'argent du ministre de l'instruction publique n'ont pu troubler dans sa douce modestie. »

Enfants qui lisez ces lignes, et vous tous, les jeunes, levez-vous et applaudissez. Applaudissez bien fort et que vos cœurs bondissent d'enthousiasme et tressaillent d'émotion. Dites-moi, maintenant, si de tels exploits accomplis avec tant de grandeur d'âme, par des enfants comme vous, par des camarades, hier encore des vôtres, par des petits, actuellement sur des bancs d'une école quelconque, ne font pas repousser d'horreur et de pitié tous ces horribles forfaits commis presque chaque jour, hélas, par des aventuriers, par des bandits devenus célèbres par leurs crimes?

Avec son sabot il assomme la bête.

Hélas! vous ne le savez que trop, certains esprits dévoyés, même chez les jeunes, même chez des petits, s'en vont jusqu'à exalter des Bonnot, des Garnier, hantés par la lecture malsaine des romans policiers.

Jeunes gens, ne soyez pas de ceux-là. Portez plus loin et plus haut votre idéal. Regardez les Jupille, les Marmiesse, les Matelot et tant d'autres signalés à votre admiration. Ouvrez bien grands vos yeux, cherchez à voir encore plus loin, prêtez vos oreilles, écoutez le cliquetis des armes : on se bat au Maroc, on se battait hier au Tonkin[1]. Partout où l'honneur de la France est en jeu, nos marins, nos soldats se lèvent pour le défendre. A ce moment, même, en cet instant précis, là-bas, sur la terre d'Afrique, de grands enfants, ceux-là vos aînés, ceux-là vos frères, versent leur sang, le sourire aux lèvres, pour la Patrie, c'est-à-dire pour la grande aimée.

Comment ne pas saluer ici, au passage, un héros de treize ans, non Français, il est vrai, mais si sympathique par la cause qu'il défendait et pour laquelle il se battait comme un homme et comme un homme brave. Je veux parler d'un jeune Monténégrin, le fils du général Martinovitch, qui, durant la guerre des Balkans, lors du siège de Scutari, faisait le coup de feu comme un vrai soldat.

« J'ai soif de la poudre, » écrivait autrefois le jeune prince impérial à son ami, le capital Rigge, aujourd'hui secrétaire du roi d'Angleterre, Georges V.

« J'ai soif de la poudre, » semblent crier aujourd'hui tous les écoliers de France, tous les soldats de demain. Il a suffi que le pays, par la voix de ses généraux, déclare nécessaire et urgent le service de trois années sous les drapeaux, pour que des milliers et des milliers d'adolescents se lèvent et s'offrent à la Patrie. Quel magnifique élan que celui-là, et comment ne pas espérer dans l'avenir d'une nation, lorsque de tous ses hameaux, de toutes ses villes, de chacune de ses écoles, de tous les grands établissements d'enseignement secondaire, *collèges religieux*, *lycées*, de toutes les sociétés de gymnastique, de tous les grands patronages catholiques,

[1] On se bat, certes, à l'heure actuelle, en France.

tous les membres se dressent et disent : « Nous sommes prêts! »

Arrière donc, lâches utopistes, et vous, misérables antimilitaristes, qui voudriez abaisser le drapeau et le rouler dans la poussière; regardez autour de vous et écoutez la clameur qui monte et qui déborde. Ce sont les jeunes qui se groupent, ce sont les jeunes qui s'unissent dans un même sentiment d'amour et de sacrifice envers la Patrie insultée par vous. Écoutez, ce sont leurs voix, bien françaises, celles-là, que l'on entend claironner dans le lointain. Elles se rapprochent, elles montent, elles éclatent, vibrantes, d'une juvénile ardeur, toutes chaudes d'un magnifique et communicatif enthousiasme. C'est un flot grossissant, entraînant après lui les faibles, les hésitants, les pusillanimes et faisant passer en eux un frisson de patriotisme qu'ils n'avaient encore jamais ressenti, laissant bien loin derrière eux se vautrer dans la fange les insulteurs de mauvais aloi dont le pays a trop souffert et dont il est las.

Et vous tous, petits Français, qui prétendez si généreusement servir votre pays lorsqu'en sonnera l'heure, levez les yeux bien haut, encore plus haut. Fixez ce point que l'on découvre à l'horizon, c'est l'un des vôtres. Il s'en va porter le nom de la France jusque vers les étoiles.

En effet, ici encore nous trouvons un tout jeune. C'est le fils d'un constructeur d'un appareil baptisé « l'Hélicophane, nº 27 ». Cet aviateur a quinze ans! Il a effectué, il y a plusieurs mois déjà, sur ledit appareil, à une hauteur moyenne de trente mètres, quatre tours de piste, à l'allure de quatre-vingt-dix kilomètres à l'heure. Or Jourdan, — tel est son nom, — en était alors à sa quatrième leçon. Les spectateurs, témoins de cette belle envolée, lui ont fait une chaude ovation. Ajoutons qu'elle était bien méritée!

J'ai nommé tout à l'heure le Maroc. Chaque jour qui vient, les feuilles publiques nous retracent des faits de bravoure accomplis par nos petits troupiers. Jeunes qui me lisez, nous en avons déjà parlé. Voilà bien, en vérité, comme nous le disions tout à l'heure, ceux dont les glorieuses prouesses méritent de susciter chez vous de nobles ambitions. Ce sang qui jaillit et s'échappe de leurs blessures, rougissant le sol martelé par leurs pas, est du sang français. C'est le même qui circule en vos veines. Puissiez-vous, à leur exemple, un jour, s'il le fallait, verser le vôtre aussi généreusement, aussi gaillardement qu'ils le versent eux-mêmes. Hommes de demain, la France a besoin de vous. Elle compte sur vous. Elle attend le secours de vos bras, mais aussi de vos intelligences, de vos volontés, de vos cœurs surtout.

Je le sais, j'en conviens, chacun n'est pas appelé à guerroyer sur un champ de bataille, à donner sa vie pour sauver le drapeau, mais tous, petits ou grands, doivent travailler à la tâche commune et apporter à leur pays le meilleur de ce que la Providence a mis en eux.

Il est des dévouements obscurs, ignorés, — nous l'avons vu, — dont la valeur et l'influence sont parfois considérables. Celui qui, dans un incendie, se contente de passer le seau rempli d'eau à son voisin fait un acte d'une simplicité plus que vulgaire et pourtant, par là même, il coopère à l'arrêt du fléau. L'écrivain, l'orateur ne se rendent pas toujours compte jusqu'où peut aller la portée morale de leurs écrits et de leurs discours, et pourtant, presque certainement, à une heure quelconque, tel trait de plume fera son œuvre dans les esprits, telle parole germera dans un cœur.

Que n'a pas fait Pasteur, dont j'ai parlé précédemment, que n'a pas fait ce grand savant, pour le bien de l'humanité, et cela dans le silence de son cabinet, dans le travail lent, mais combien fécond, de son laboratoire?

Que de moyens divers de servir la Patrie! Elle accepte tous les dévouements et toutes les bonnes volontés. Elle a des réserves merveilleuses pour ceux qui veulent travailler pour elle. Aux uns, elle présente les vastes données de la science et leur demande de chercher à pénétrer ses plus profonds secrets. Aux autres, elle découvre les richesses de son sol et les invite à lui faire produire d'abondantes moissons. A certains, elle confie son épée, les chargeant de la défendre. A quelques-uns, elle tend un pan de sa robe, pour qu'ils la garantissent des souillures que de malencontreux esprits voudraient jeter sur elle. A tous, enfin, elle remet le soin de son honneur!

Aiguisez donc vos armes, écoliers de tout âge et de tout rang. Ornez vos jeunes imaginations si avides de connaître et d'apprendre. Exercez-vous à l'endurance, il en faut dans la vie; mais surtout apprenez à être bons, à égayer tous ceux-là qui sont tristes, à sourire à ceux dont les cheveux sont blancs, à les charmer par la pureté rayonnante de vos âmes juvéniles.

Un jour, plus tard, bien plus tard, lorsque perdu peut-être sur une plage lointaine, ne recevant pour caresses que celles des plis d'un drapeau français, planté là, qui sait? peut-être par vos mains, alors, croyez-moi, le passé, le doux et cher passé, celui de votre enfance, planera sur vous comme une évocation délicieuse, comme un rêve tendrement savouré. Et si la main bénissante d'un père, si le sourire d'une mère ne sont point là pour vous réconforter, du moins c'est en songeant au premier nid, à toutes ses douceurs, aux premiers mots gravés dans votre cœur, aux baisers tant de fois déposés sur votre jeune front, que vous vous endormirez, consolé, soulevé, ravi par les sublimes et merveilleuses espérances de l'au-delà.

Macte animo, generose puer, sic itur ad astra[1] !

[1] Vers de Stace : « Courage, enfant, c'est ainsi qu'on s'élève jusqu'au ciel. »

V

LA FOI RELIGIEUSE CHEZ NOS HÉROS

Ce livre ne serait pas complet si je ne faisais ressortir, à côté du caractère chevaleresque, et par là même si français, des héros dont j'ai cherché à esquisser les traits, la foi religieuse que l'on rencontre chez la plupart d'entre eux. Il est doux, il est consolant de se dire qu'à l'heure où les convictions des catholiques semblent parfois s'affaiblir, sinon sombrer, certains au contraire, et des meilleurs, les entretiennent pieusement en eux, trouvant dans cette foi elle-même, reçue au berceau et conservée depuis, la force qui fait les braves et l'énergie qui produit les héros. Devant cette constatation appuyée par des mots, par des lettres, par des faits, n'est-il pas permis de se demander si le secret de tant d'abnégation, de tant de sacrifices, semés sans compter tout le long de leur route, ne vient pas justement de cette foi enracinée dès l'enfance et puisée dans les traditions du foyer domestique?

Cette question, M. de Mun se la posait un jour dans un article intitulé : *Une fabrique de héros*. Quoi qu'il en soit, lorsqu'un écrivain a la bonne fortune, grâce aux documents qui lui sont fournis, aux papiers intimes qui lui passent entre les mains, de pénétrer au fond de ces natures d'élite qu'il doit mettre en relief, il est particulièrement réconfortant pour lui de constater, presque toujours, chez ces êtres privilégiés, la foi religieuse à la base de l'éducation première.

Et pour nous qui croyons, c'est une joie intime et profonde de pouvoir, en toute vérité, montrer chez nos héros la grandeur morale et la force du sacrifice puisées dans une croyance conservée et respectueusement entretenue. Évidemment il ne s'agit pas là d'un principe absolu; certains pourront parfois s'élever à des hauteurs qui nous étonnent sans posséder en eux cette foi dont il est question ici, mais alors il leur manquera la touche de l'idéal, de l'idéal chrétien. Et lorsqu'on va au fond des choses, lorsqu'on creuse, lorsqu'on fouille, lorsqu'on pénètre ces âmes supérieures, je le répète, le plus souvent, ces âmes sont des âmes de croyants.

M. Antoine Redier, dans un de ses jolis articles de tête de la *Revue française,* relatait un jour un fait particulièrement émouvant, que je me fais un plaisir, avec son aimable autorisation, de relater ici :

« Il s'agit de douze soldats français qui viennent d'être pris par l'ennemi dans je ne sais plus quelle campagne africaine. Le vainqueur leur prépare les pires tortures avant de les massacrer. Mais une idée lui vient tout à coup. Il jette sur le sol une image de la croix et commande aux petits *marsouins* de marcher sur cet emblème de leur religion, s'ils veulent avoir la vie sauve. Les marsouins, comme chacun sait, ne sont pas d'une dévotion exagérée.

Le souvenir de la première communion est très loin et la vie est très douce. C'est le plus jeune qui doit répondre le premier. Il pâlit, hésite, se tourne un instant vers les camarades qui le regardent avec anxiété, puis il passe devant les bourreaux en criant :

« — Moi, je ne renie pas! Faites ce que vous voudrez. »

« Moi, je ne renie pas! Faites ce que vous voudrez. »

« Les autres l'imitent et tous sont massacrés...

« Ce sont des Français et ce sont des martyrs[1]. »

Ceci me rappelle l'explorateur Camille Douls, qui fut arrêté dans les régions si barbares de la Mauritanie, où il travaillait pour la France. Il fut dénoncé comme chrétien,

[1] *La Revue française*. 17, rue Cassette. Numéro du 18 décembre 1910.

torturé, supplicié et enfin enterré vivant. Il n'avait que vingt-cinq ans!

C'est le lieutenant Jacques Roze qui, quelques jours avant sa mort, écrivait à sa mère, la priant de lui envoyer un scapulaire. C'est lui aussi qui, la veille du suprême combat, tint, en grand chrétien qu'il était, à mettre en règle les affaires de sa conscience. Comme il n'y avait pas d'aumônier pour la colonne, il sauta à cheval, galopa de Ouajda à Marnia pour trouver un prêtre. A Marnia il se confessa, entendit la messe, communia et revint à Ouajda ventre à terre, ayant fait trente kilomètres à franc étrier, tout cela pour être fidèle à la foi de son enfance. Quelques heures après la colonne partait, et Roze était un des plus gais, un des plus heureux, le ciel était vraiment dans son cœur. Il pouvait maintenant regarder la mort en face, elle ne lui faisait pas peur : il était prêt.

Aussi lorsqu'il tomba il souriait encore, et lorsqu'il lui fallut rendre les armes à ce Dieu qu'il voulait avec lui à l'heure du grand danger, je m'imagine qu'à son tour Dieu lui-même sourit et tendit les bras à ce vaillant soldat, à cet enfant de la Touraine, resté si chrétien au milieu des camps.

Ce sourire qui éclairait la physionomie de Roze lorsqu'il courait à la mort, galopant en tête de son escadron, il fut également remarqué sur les lèvres d'un autre enfant de la France, Paul Henry, tombé héroïquement en soutenant le siège du Pé-Tang, en juillet 1900. Quelle belle et sympathique figure que celle de ce jeune officier de marine dont René Bazin a fixé les traits et raconté la vie, dans des pages particulièrement émouvantes[1].

Le corps percé de deux balles, perdant tout son sang,

[1] *Paul Henry,* R. Bazin. A. Mame et Fils.

tombant dans les bras de deux de ses marins, Paul Henry, d'après la remarque de ceux qui se trouvaient alors près de lui, souriait encore. Il souriait, et tous autour de lui pleuraient. Il souriait à la grande inconnue, à celle qui venait le prendre, mais non pas le surprendre. Depuis le commencement de ce siège, aussi fameux que terrible, il avait fait le sacrifice de sa vie; aussi lorsque la mort vint le chercher, ce fut par un sourire qu'il l'accueillit. Elle pouvait l'emmener, se saisir de lui, il l'attendait, mais il l'attendait en soldat, c'est-à-dire sur la brèche, et les armes à la main.

Qu'il me soit permis, devant de semblables traits, de rapprocher nos deux héros, l'un défendant pied à pied le territoire du Pé-Tang, l'autre courant sus à l'ennemi, tous deux confondus dans un même sentiment, celui du devoir patriotique. Ce sourire à l'heure extrême du danger et jusque dans la mort elle-même ne laisse-t-il pas apercevoir, dans le cœur de nos deux braves, comme dans un livre ouvert, l'impression paisible et douce qui suit toujours le don de soi? Eh! qu'importe à ces âmes-là que la mort, la mort hideuse dont la seule pensée nous glace, qu'importe qu'elle les saisisse en pleine action, à l'instant précis où la Gloire leur tendait ses lauriers? Qu'importe ces flots de sang qui chassent la vie, qu'importe les voiles qui se tendent sur leurs yeux, qu'importe ces frissons, qu'importe ces froides sueurs! Ils auront à peine cessé de vivre que leurs noms passeront à l'histoire, que leurs gestes, qui les firent si grands et si beaux, seront notés, cités, si bien que d'autres, les petits, les jeunes, s'éprendront de ces superbes exemples et, se précipitant dans les rangs décimés par ces glorieuses morts, combleront immédiatement les vides.

Ainsi la mort elle-même se transfigure en quelque sorte, et c'est Dieu qui permet que, pour tous ces braves à côté desquels elle chevauche presque continuellement, elle ne soit ni terrible ni implacable. Pour eux, au contraire, elle se fait bonne et tendre et presque maternelle. Que sont donc, en effet, les charges héroïques accomplies sur nos champs de bataille d'ici-bas, comparées aux splendides randonnées des chevaliers de la cité sainte?

Que sont donc les sonneries et les fanfares de nos guerriers auprès des chants de triomphe et des célestes harmonies qui accueillent les élus dans la ville de Sion?

Que sont toutes les croix et les honneurs de la terre à côté des palmes réservées aux vaillants, dans l'immortelle Patrie?

Comme Roze, le lieutenant du Boucheron, mort au combat de Sidi Accila, au Maroc, avait pris la précaution, avant la bataille, d'aller se confesser à un prêtre parlant français, dans un monastère de religieux espagnols.

Dans une lettre écrite à sa mère, il lui disait de remercier Dieu pour lui, « aux heures tristes, quand la nuit tombe et que tu dis ton chapelet, le soir. »

C'est le sergent Désiré Chazal, du bataillon indigène du moyen Congo, décédé à Brangui, le 21 mai 1912, des suites d'une dyssenterie hémorragique et qui, écrivant à l'une de ses tantes, s'exprimait ainsi :

« Si je viens à mourir, remercie bien mes parents de l'éducation chrétienne qu'ils m'ont donnée. C'est ce qui me donne la force de supporter les dures épreuves du moment. » Et plus loin : « Ici chacun pratique sa religion; on n'a pas peur de son voisin, car on voit combien l'homme est peu de chose en face de la mort. Ici on ne se moque pas de la religion, car on sait que l'homme qui croit en Dieu en vaut deux. »

Le 25 mars 1913, Yves Le Moigne, maréchal des logis au 3e spahis, tombait au combat de El-Hadjeb. Dans une carte postale envoyée à l'un de ses plus intimes amis, je lis ces lignes :

« Ne m'oubliez pas dans vos prières! » Juste un an avant sa mort, le lundi de Pâques, Yves Le Moigne, venu en permission chez ses parents, à Poissy, servait lui-même la messe des hommes, en uniforme.

Atteint par une balle venue le frapper dans le ventre, en plein combat, le jeune sous-officier mourait quelques heures après, mais toutefois il eut le temps, d'après ce détail spécifié dans deux lettres de ses chefs, de recevoir les derniers sacrements avant d'expirer.

Parlant du lieutenant Delacommune, des tirailleurs sénégalais, tué le 4 janvier 1910, au fond de l'Afrique équatoriale, dans l'embuscade dressée par le sultan Doudmourah, sur le chemin d'Abécher, au pays de Massalit, M. de Mun, dans un de ces ravissants articles écrits comme il savait en écrire, dit :

« Maurice Delacommune était presque un saint; il est mort comme le plus vaillant des soldats, ayant été volontairement chercher dans la brousse africaine l'occasion du sacrifice. »

Puis, parlant de l'aviateur Pierre Princeteau, l'écrivain poursuit :

« Il y a un an, Pierre Princeteau, dans l'éclat de sa belle jeunesse, périssait d'une mort atroce, à Issy-les-Moulineaux, carbonisé sous son aéroplane brisé. Sur son image funèbre, je lis les dernières lignes que, joyeux, il écrivait à son père, le matin du jour funeste, au moment d'embarquer dans son avion : « Adieu, père; je serai à Reims à « 9 heures; j'y entendrai la messe. » Et celles-ci qui furent les premières au début de sa carrière : « Personne « ne pourra m'empêcher de servir mon pays et de rem- « plir mes devoirs religieux. »

Et M. de Mun ajoutait : « Ces soldats sont légion ! »

A tous ces noms de grands Français et de grands chrétiens, il convient d'ajouter celui du lieutenant-colonel Moll dont j'ai parlé dans le chapitre intitulé « Sous l'uniforme ».

Dans sa correspondance à sa famille, je relève ce joli passage écrit de Ha-Giang, en une nuit de Noël :

«... Et vous allez cette nuit fêter la naissance de l'Enfant Jésus...

« Vous êtes déjà allés visiter la crèche dans la petite allée de droite de l'église, au couvent, partout, la crèche avec ses branches vertes de sapin et ses nombreuses lumières, et vous avez prié le divin Enfant. Moi, je suis obligé de revoir tout cela en imagination, mais je prie quand même et pense à vous. »

Et une autre fois :

« Merci à mon cher père de ses recommandations. Je ne manquerai pas de les suivre. Cette prière est très belle. Tout ce qu'un homme doit désirer de beau et de noble y est sincèrement exprimé. A ces désirs j'ajouterai, dans mes prières, celui de vous voir toujours en bonne santé et satisfaits. »

En une autre nuit de Noël il écrivait :

« Aujourd'hui je ne puis m'empêcher de penser aux précédentes veillées de Noël et, plus loin encore, au temps où, tout petit, je courais, dès le matin, pieds nus et en chemise, vers la cheminée où votre tendresse avait déposé des jouets pour vos enfants. C'était vous qui, sur terre, remplaciez le bon petit Jésus. Mon Dieu! qu'Il vous apporte aujourd'hui, comme à tous les nôtres, la santé et le bonheur. »

Le 9 août 1900 mourait, sur la terre d'Afrique, emporté par la fièvre jaune, le comte Marcel-Paul-Henri Bégouen, à l'âge de trente-sept ans. Quelques jours avant, le 3 août, sa main traçait encore ces beaux vers qu'une main chère et pieuse a transcrits sur sa tombe :

Je regarde la mort comme une vieille amie
Qui me conduit vers ceux qui m'ont aimé jadis,
Et qui prend en ses bras ma pauvre âme endormie
Pour l'éveiller au Paradis.

L'aviateur H. Brégi, planant au-dessus du Maroc, et donnant aux Arabes stupéfaits le plaisir de voir, pour la première fois, un aéroplane au-dessus de leurs têtes, lançait du haut de son appareil des proclamations imprimées en arabe, se terminant ainsi :

« Que Dieu nous dirige les uns et les autres, dans la voie véritable, sur terre et dans les airs. »

A propos d'aviateurs, n'est-ce pas le lieutenant Bague qui, dans une de ses courses en aéroplane, ayant atterri à Sanguio, aux environs de Mauléon, sur le point de reprendre son vol, fit crânement un large signe de croix sur sa poitrine, et cela devant les deux mille personnes accourues pour le voir s'élever dans les airs. Ceci fait, il commanda le « lâchez tout! ».

Des applaudissements frénétiques soulignèrent le geste de ce vaillant chrétien.

Pauvre Bague, comme il était bien inspiré de surélever

sa pensée dans ses voyages aériens. Un jour vint, pour lui comme pour beaucoup d'autres, hélas! où la mort le saisit tandis qu'il se rapprochait des cieux. De la hauteur où il planait, il fut précipité dans les flots de la Méditerranée, alors qu'il tentait la traversée de Nice à la Corse, et ce furent les blanches vagues qui caressent la Côte d'azur qui lui servirent de linceul.

Comment enfin ne pas rappeler ici ce fait, unique encore dans les annales de l'aviation[1]?

Dans une reconnaissance des Français contre les Touaregs du Sahara, le commandant Largeot fut mortellement blessé. Il demanda un prêtre, mais malheureusement la colonne n'avait pas d'aumônier et Laghouat, la plus proche résidence, était à deux cents kilomètres, qu'il fallait franchir à travers le désert.

Le lieutenant Brégard a là son monoplan. Il sollicite près de ses chefs l'autorisation de se rendre à Laghouat et de ramener un prêtre. Il part, il vole à tire d'ailes, et revient ramenant l'aumônier de l'hôpital apportant avec lui le saint viatique. C'est ainsi que le brave commandant, avant de fermer les yeux, put avoir la satisfaction intime de recevoir les derniers sacrements.

Le lieutenant de vaisseau Guyon, mort victime du terrible accident de tir survenu, en juillet 1912, sur le *Jules-Michelet,* avait fait son testament trois jours avant la catastrophe et, dans ses dispositions dernières, il déclarait qu'il voulait que son corps fût porté à l'église et qu'on y récitât pour lui toutes les prières d'usage dans la sépulture catholique. Il spécifiait même qu'il ne voulait pas d'une *simple absoute donnée à la dérobée.*

[1] Nous certifions le fait.

A ceux qui seraient tentés de sourire et de hausser les épaules en traitant d'esprits faibles ou de bigots de semblables hommes, nous leur répondrons que ce même lieutenant de vaisseau, ayant perdu la vue par suite de l'accident et frappé à mort, sut rester à son poste, afin de bien

Il revient ramenant l'aumônier de l'hôpital.

montrer à ses matelots comment on doit mourir. C'est lui, d'ailleurs, qui avait prononcé cette parole, bien digne d'être rapportée ici :

« Il faut qu'il y ait toujours un officier dans l'axe de la culasse, afin que, s'il y a un accident, *il en prenne.* »

J'ai parlé, dans des pages précédentes, du docteur Guinard et j'ai dit que, se voyant mourir, il avait fait appeler près de lui un prêtre de ses amis. Celui-ci, M. Cosson, — j'emprunte ce touchant détail à la *France illustrée*[1], — devant la fatigue du malade, voulait remettre de lui donner le viatique à plus tard.

« Nous pouvons retarder la cérémonie jusqu'à demain!...

— Non, répondit le docteur Guinard, tu n'es pas du métier, toi, tu ne peux pas savoir, mais maintenant ça va aller très vite! »

Le maître ne se trompait pas, lui qui, tant de fois, dans sa laborieuse carrière, avait approché des mourants. Il expirait, en effet, quelques heures après sans avoir, un seul instant, perdu cette paix intérieure que seule, devant la mort, peut donner la bonne conscience. Il avait fait plus encore. Non seulement il avait généreusement pardonné à son assassin, mais plusieurs fois il eut pour lui des paroles de profonde pitié, tant il est vrai que, chez les grandes âmes éclairées par la foi, tout se transfigure, même les sentiments les plus humains et les plus naturels.

Et maintenant, puisque ce chapitre est consacré à mettre en lumière les sentiments religieux qui animent la plupart de nos grands Français, de ceux dont le cœur bat pour la France, de ceux qui lui donnent chaque jour et leur temps, et leur bras, et leur cœur, qu'il me soit permis de transcrire ici quelques passages de l'émouvante déclaration que le capitaine Couderc de Fonlingue prononçait devant le conseil de guerre de Bordeaux, pour se justifier d'avoir préféré briser son épée plutôt que d'agir contre sa conscience. A d'autres je laisse le soin de juger, mais à tous je demande, sans parti pris, de lire ou de relire attentivement ces nobles

[1] *France illustrée*, 24 juin 1911.

paroles d'un soldat, aimé et estimé de tous et sous le dolman duquel battait un cœur de croyant.

« Quand j'ai considéré cette porte d'église que je devais briser, ce n'est plus l'église de Saint-Pierre d'Irube que j'ai vue devant moi, mais l'Église elle-même.

« Alors j'ai vu passer devant mes yeux toute notre vie religieuse avec ses joies et ses consolations, j'ai vu toutes nos cérémonies avec leur pompe majestueuse, j'ai évoqué les souvenirs de mon passé, les espérances de mon avenir, et la pensée de mon éternité bienheureuse, promise à ceux qui souffrent pour la justice, s'est imposée à mon esprit.

« Il y avait autre chose.

« J'ai vu devant moi toute ma famille, les vivants comme les morts, c'est-à-dire les exemples et la tradition. Et cette vision fut si forte que je n'ai pas pu passer. J'ai compris que si, sous l'ancienne loi, on ne devait pas toucher à l'arche de Dieu, sous la loi nouvelle on ne doit pas étendre une main criminelle et sacrilège vers la porte de ses temples pour la briser. »

Ce sont des hommes de cette trempe que le Gouvernement condamne à faire fermer les couvents, à enfoncer les portes des églises et à chasser les religieuses de leurs monastères. Pourtant, certes, nous l'avons démontré plus que suffisamment, sur les champs de bataille ces mêmes hommes se transforment, et cette épée qu'ils portent à leur côté, ils s'en servent pour le plus grand honneur de la France. Dès qu'il s'agit de défendre son drapeau ou de lui gagner de la gloire, ils sont toujours prêts à marcher en avant, fût-ce au péril de leur vie. Mais qu'on ne vienne pas leur demander d'accomplir une besogne honteuse et vile; celle-là, ils ne la feront pas. Envoyez-les à la tête d'une charge, jetez-les dans le plus fort de la mêlée, commandezleur d'aller droit à la mort pour sauver un seul de leurs chefs ou simplement un pauvre soldat, ils ne courront pas, ils s'élanceront, ils voleront, entraînant après eux les faibles et les timides et en en faisant soudain des héros. Leur ardeur deviendra de l'enthousiasme, leur enthousiasme une véritable folie, folie sublime qui a le don de susciter, de provoquer les assauts impétueux, les chevauchées triomphales, les victoires décisives.

Mais à ces hommes continuellement exposés à la mort, la France doit des aumôniers suivant les colonnes. Elle doit, au moment suprême où ces grands enfants tombent pour elle sur nos champs de bataille, le réconfort et les secours de cette religion qui les rendit si braves. Il est profondément touchant de voir et de lire les revendications réitérées des mères à ce sujet. Certes, elles ont donné leurs fils à la Patrie, et de bon cœur encore, mais du moins elles réclament pour eux l'assistance d'un prêtre pour leur fermer les yeux et bercer leurs derniers instants de vie par cette douce et consolante chanson de la religion qui charma et embellit leur enfance.

L'œuvre de l'aumônerie militaire coloniale s'est fondée justement dans le but d'assurer à nos soldats les secours religieux là où ils séjournent et combattent, afin de suppléer à l'inconcevable incurie du Gouvernement sur ce point. Ainsi donc, une fois de plus, c'est à une œuvre particulière, due à la charité catholique, que revient l'honneur de pourvoir à cette chose sacrée entre toutes les choses, la présence d'un prêtre au chevet de nos soldats mourants[1].

[1] Depuis que ces lignes ont été écrites un décret du 5 mai 1913 réglemente l'aumônerie militaire en cas de guerre : à chaque groupe de brancardiers de corps seront attachés deux prêtres catholiques et un ministre protestant. Les aumôniers seront assimilés au grade de capitaine ayant quatre ans de

Hé quoi, ceux-là qui restent sourds à de si justes revendications n'ont donc pas entendu, durant leurs insomnies de la nuit, les longs sanglots des mères?

Ils n'ont donc pas perçu le bruit lointain des cris et des plaintes de nos petits troupiers agonisant sur les champs de bataille?

Ils n'ont donc pas tremblé en songeant qu'un jour viendrait où tous ceux-là se dresseraient contre eux, les accusant, les maudissant pour leur avoir peut-être fermé l'éternité bienheureuse?

Ils n'ont donc pas compris que ceux qui ont versé leur sang pour la Patrie doivent recevoir d'elle, à leur tour, le baiser maternel? Or, à l'heure suprême et sainte où l'âme va prendre son essor, le baiser de la mère, c'est le mot d'espérance, c'est le geste qui montre le ciel [1].

L'aumônerie coloniale, n'est-ce pas justement elle qui, par l'entremise d'un Père franciscain, adoucit les dernières heures du lieutenant Holtz, dont j'ai déjà parlé dans un précédent chapitre? Et maintenant que sa tombe est fermée, que le courrier n'apporte plus jamais de ses lettres si impatiemment attendues, combien n'est-il pas doux et consolant pour la mère du jeune officier de reprendre, une à une, celles qu'au lendemain de la catastrophe lui écrivait le religieux qui avait remplacé les parents absents!

C'est qu'il était profondément chrétien, cet Adrien Holtz! Avant de partir pour Meknès, en quittant sa sœur religieuse, il lui disait :

grade. Nous sommes heureux de pouvoir enregistrer ici cette nouvelle mesure.

Ajoutons que dans la guerre de 1914, le Gouvernement a bien voulu augmenter le nombre des aumôniers. Grâce à cette mesure nos soldats, pour beaucoup, sont morts assistés par un prêtre.

[1] Voir la note de la page précédente.

« Prie bien pour moi, car je ne sais pas si je reviendrai. »

Il n'est pas revenu, hélas! et ce fut en janvier 1912 que, pour la dernière fois, il recevait le baiser maternel. C'était un baiser d'adieu, ou plutôt c'était le baiser de l'au revoir, de l'au revoir au ciel.

La veille même de partir avec la colonne Gouraud, Adrien Holtz écrivait à tous ses frères et ses sœurs, mais il n'oubliait pas, non plus, un prêtre de ses amis et, de sa main de croyant, il lui traçait ces lignes :

« Je vous demande de ne pas m'oublier dans vos prières, car nous passons par de terribles épreuves. »

L'aumônerie coloniale, elle agit près de nos soldats dans presque toutes nos colonies, en particulier au Tonkin, à Madagascar, en Guinée française, dans le Sud oranais, enfin au Maroc. Mais c'est surtout dans cette dernière région qu'elle se multiplie actuellement par l'entremise des prêtres et religieux qu'elle assure à nos soldats campés ou en colonnes. Elle ne se contente pas de pourvoir aux secours religieux de nos troupiers, elle leur fournit aussi des livres, des revues, du papier à lettre, jusqu'à des jeux, toutes choses qui, par la distraction qu'elles apportent, adoucissent les longues journées d'hôpital ou charment les heures de séjour au camp.

Et maintenant, si l'on veut savoir comment nos soldats accueillent et reçoivent les aumôniers, lisez ce passage d'une lettre de l'un d'eux, écrite en 1912.

« Passant dans les rangs des fidèles, le saint jour de la Pentecôte, — il y avait ce jour-là plus de cent soldats à l'église, — un brave légionnaire m'arrête et me dit, en insistant pour que je prenne son offrande :

« — Monsieur l'aumônier, on n'est pas riche chez nous, mais voilà mon prêt de quinze jours; on se privera d'un paquet de tabac et d'un verre, cela me portera bonheur. »

D'un autre :

« Je reverrai toujours ce petit moribond qui prit ma corde et le crucifix de mon chapelet pour les baiser quand je m'approchai de son lit... »

Il s'est fondé, là-bas, en Afrique, sur ce sol si meurtrier pour les nôtres, l'œuvre du Souvenir africain. C'est à Mgr Jalabert, des Pères du Saint-Esprit, que revient l'honneur d'avoir posé les bases de la fondation de ce monument qui doit s'élever à Dakar, la capitale de l'Afrique occidentale, pour abriter les tombes de nos héros, célèbres ou obscurs, tombés là-bas à un titre quelconque pour la gloire de la France. Le 10 avril 1913, à Paris, à Notre-Dame, un service solennel était célébré, par les soins du comité du Souvenir africain, à la mémoire de tous les nôtres, morts en Afrique, au service de la Patrie.

Bien des fois déjà, dans ses courses apostoliques, l'évêque de Sénégambie, Mgr Jalabert, avait trouvé sur son chemin, à travers les brousses du désert, des tombes marquées seulement par un petit tas de cailloux, un simple tertre, une misérable petite croix de bois, formée de deux planches retenues par un clou, et le cœur si français du pontife souffrait en songeant que beaucoup des enfants de la France n'avaient absolument rien pour signaler leurs tombes aux yeux du voyageur, pas même une pierre, pas même la moindre petite fleur. C'est alors que l'évêque rêva de faire construire un monument où tous les noms de nos héros seraient pieusement conservés, inscrits, gravés dans la pierre, afin que leur souvenir demeurât, non pas seulement dans la mémoire des leurs, mais aussi dans les esprits de tous et surtout sur cette terre arrosée et fécondée par leur sang. Ainsi ceux qui pleurent en France, ceux-là un fils ou un frère; celles-là un époux ou un fiancé, sauront qu'il est, sous le soleil d'Afrique, un endroit saint et sacré, où les accents de la prière et les parfums de l'encens monteront continuellement pour les âmes de ceux qu'ils ont perdus.

J'ai parlé plus haut des périls de la mer pour les marins presque toujours exposés sur ses flots. C'est bien ici, à cette place, que je puis parler de la foi de ces hommes que les dangers de l'existence, en même temps qu'ils les transforment souvent en héros, semblent aussi rapprocher de Dieu.

N'est-il pas profondément touchant de voir, suspendus aux voûtes et aux murailles des églises des plus petits de nos ports, des ex-voto de toute nature que des cœurs reconnaissants ont tenu à déposer dans le sanctuaire pour témoigner d'un secours providentiel survenu en plein péril: peintures plus ou moins artistiques représentant des navires en détresse, des mers démontées, des marins tendant vers le ciel des bras suppliants; bateaux en miniature, vapeurs, voiliers, barques de pêche, ou bien encore des objets de toutes sortes, tels que des ancres, des filets, etc.

Elle est grande la foi des marins, habitués qu'ils sont à côtoyer la mort de si près; aussi ne manquent-ils pas de mettre Dieu avec eux avant de s'embarquer, ou plutôt d'implorer son secours. Les Terre-Neuvas ont leur messe de départ, auxquels patrons et matelots assistent tous avant de s'embarquer pour la grande pêche. Ils ont aussi la bénédiction de leur flottille, et rien n'est plus pittoresque que la vue d'un port, à ces jours-là, tout encombré de goélettes, de bateaux de toute dimension, aux noms les plus divers, aux voiles de couleurs les plus variées. Certaines sont bleues et rappellent l'azur du ciel, d'autres sont vertes et parlent d'espérance; il y en a des rouges, semblant rivaliser avec les tons empourprés du soleil quand il se couche, enfin voici des blanches : ce sont les neuves qui, pour la première fois, vont s'en aller, là-bas, dans les brumes de l'Océan, affronter les coups de vent et la fureur des flots.

Il n'est pas jusqu'aux armateurs qui ne manquent jamais, avant de lancer sur mer un nouveau navire, de lui assurer la protection de Dieu par une bénédiction spéciale prévue par l'Église. Puis n'est-il pas touchant de constater la dévotion particulière des marins envers celle qu'ils se plaisent à appeler gracieusement avec l'Église l'Étoile de la mer, l'Étoile du matin? D'ailleurs que de vocables émouvants pour désigner la Vierge Marie : Notre-Dame d'Espérance, Notre-Dame des Flots, Notre-Dame des Dunes, Notre-Dame de la bonne Garde, Notre-Dame du Salut, etc. Et la Mère toute bonne et toute miséricordieuse sourit à tous ces humbles qui l'invoquent et la prient. Elle se penche sur eux quand la tempête fait rage, et n'est-il pas permis d'attribuer à la puissance de son intercession tant de sauvetages accomplis et tant de vies conservées?

Il y a aussi sainte Anne d'Auray, Madame sainte Anne, la bonne sainte Anne, comme l'appellent les Bretons dans leur foi naïve et leur confiance illimitée.

D'aucuns pourront sourire, mais je gage que ceux-là ne se sont jamais trouvé vivre de ces heures angoissantes et terribles que vivent nos marins, continuellement en butte aux dangers de leur périlleuse vocation.

Qui donc n'a pas pleuré, en lisant, il y a quelques mois, dans les feuilles publiques, le fait de ces parents qui, ayant perdu leur fils dans le naufrage du *Titanic,* avaient envoyé au capitaine Mourand, commandant le steamer transatlantique *la Provence,* une humble croix de bois, le priant de vouloir bien la jeter à la mer dans les parages de la catastrophe?

La *Provence* passa, le 1er novembre suivant, dans le voisinage de Terre-Neuve, et le capitaine Mourand s'acquitta pieusement et fidèlement de sa mission. Seul, au milieu de la nuit, découvert, il lança dans les flots, qui avaient englouti l'enfant perdu, le petit cuisinier, la modeste croix, suprême témoignage de l'amour paternel.

O mer, arrêtez-vous de mugir! O vagues, taisez-vous! Faites-vous câlines et tendres et que votre blanche écume s'entr'ouvre pour laisser pénétrer dans vos profondeurs la petite croix du naufragé. Vous, la terrible ravisseuse, qui gardez jalousement vos morts, faisant les femmes veuves et les enfants orphelins, voici que, dans vos abîmes, le signe du chrétien, son drapeau, son fanion, a été plongé, pour qu'il ne soit pas dit que l'adolescent que vous avez pris n'ait pas dans sa tombe le symbole de ceux qui croient à la résurrection future et au grand rendez-vous des corps et des âmes. Si la croix ne se dresse pas debout sur une dalle ou sur un tertre fleuri, elle sera, du moins, couchée dans son cercueil et là-bas, sur la terre de France, dans la petite ville de Touraine, en regardant tristement couler la Loire, la mère, en pleurant son fils, aura du moins la consolation de se dire que, lui aussi, là où Dieu l'a pris, sa main pieuse et croyante a fait planter la croix.

O monde, incline-toi, les purs ont leurs phalanges,
Et, tandis que tu cours à tes plaisirs étranges,
Eux s'en vont, le front haut, vers les divins sommets,
Emportant dans leurs bras tous les êtres aimés,

Les petits, les souffrants, élargissant leurs ailes,
Endormant leurs douleurs en se penchant vers elles,
Leur parlant d'espérance en leur montrant les cieux
Et mêlant à leurs pleurs les pleurs de leurs beaux yeux.
A ta voix qui blasphème et qui jure et qui crie
Ils opposent la leur qui chante, adore et prie ;
Et tandis que tu vas déracinant la foi,
Dévastant les foyers, leur imposant ta loi,
Tandis que tes suppôts se vautrent dans leurs fanges,
Eux planent au-dessus, se rapprochant des anges.

VI

MISSIONNAIRES

Sur les lettres d'obédience de l'un de ses fils, Mgr Lavigerie avait écrit *Ad Martyrium* (au martyre), et lui tendant la feuille :

« Y consentez-vous?

— C'est pour cela que j'y suis venu, monseigneur. »

Toute l'âme du missionnaire catholique est dans cette courte, mais sublime réponse. Le martyre, en effet, c'est le rêve entrevu dès les plus jeunes années, c'est la palme désirée, suspendue dans les cieux. C'est aussi, c'est surtout, de la part de celui qui le subit, le témoignage suprême de l'amour irrécusable, celui-là, et devant lequel tous, croyants et incroyants, sont contraints de se soumettre. Il faut s'être entretenu avec l'un de ces étranges postulants pour se faire l'idée d'un si bel et si particulier état d'âme.

Dès 1844, le premier vicaire apostolique des Deux-Guinées écrivait au Père Libermann, fondateur des religieux du Saint-Esprit :

« Si vous avez encore des martyrs, envoyez-les-moi. »

Le Père Libermann lui répondait :

« Ils sont prêts, je vous les envoie. »

Lorsque Mgr Augouard, dont j'aurai l'occasion de parler à différentes reprises dans ce chapitre, mit le pied sur le sol africain, en 1878, un officier de marine l'accueillit par ces mots :

« On ne peut vivre ici longtemps, et il vous faudra, au bout de deux ans, rentrer en France.

— Monsieur, lui répondit le vaillant missionnaire, nous ne venons pas ici pour vivre, mais pour mourir. »

C'est à cet homme d'une valeur incontestée, à cet apôtre infatigable que l'Académie des sciences morales et politiques a attribué, en 1912, le prix Audiffred, d'une valeur de vingt-cinq mille francs. La *Lanterne*, elle-même, a applaudi au beau geste de l'illustre Assemblée ; c'est tout dire, et cela montre quel rôle a rempli le grand évêque dans le continent noir, durant les trente-quatre ans qu'il y a séjourné, rôle qui lui a valu le titre si beau « d'apôtre du Congo ».

Dans le rapport énumérant les œuvres du prélat, je relève qu'il a racheté deux mille esclaves, qu'il a fondé des missions jusqu'à neuf cents kilomètres de Brazzaville, comprenant des ateliers, des établissements de culture, des écoles dans lesquelles on élève seize cents enfants, sans compter les adultes qui viennent s'y instruire.

Il me souvient, il y a quelques années, avoir visité, au séminaire des Missions étrangères de la rue du Bac, ce que l'on nomme la salle des Martyrs. Aucun mot ne peut traduire l'émotion ressentie alors, émotion si poignante et si forte qu'à l'heure où j'écris ces lignes, elle fait encore frissonner tout mon être.

Avec quel religieux respect l'on pénétrait dans cette enceinte sacrée dont le sol disparaissait sous un immense tapis rouge et dont les murs, tendus de couleur écarlate, semblaient comme ensanglantés par les éclaboussures de sang français versé, pour le Christ, dans un coin quelconque de la Chine ou d'ailleurs.

Elle est, en effet, étrangement éloquente, cette salle où se trouvent collectionnés et précieusement conservés, dans de longues vitrines, les instruments de torture ayant servi au supplice d'un bon nombre de religieux de la congrégation, les objets particuliers leur ayant appartenu. Faisceau splendide, en vérité, et peu banal que celui-là, trophée merveilleux d'une armée d'élite, où se trouvent réunies des tenailles destinées à arracher les ongles et à mutiler les chairs, des rotins, des coutelas, des cangues, des chaînes de tout poids, des cordes encore ensanglantées, etc.

A côté de ces pièces à conviction, se trouvent précieusement conservés des objets de toute nature : des bréviaires, des vêtements ayant appartenu aux glorieuses victimes ou portés par elles. On y voit jusqu'à des cheveux coupés sur des têtes tranchées, et ce n'est pas sans une indicible émotion que l'œil du visiteur s'arrête sur la soutane d'un évêque encore toute empreinte de larges taches de sang que le temps n'est point parvenu à effacer.

Mais ce qui surprend plus encore, c'est le feu, l'enthousiasme avec lesquels le jeune missionnaire, chargé d'expliquer en détail les curiosités de ce musée d'un genre tout particulier, parle, raconte, apprécie. A l'entendre commenter, à voir la flamme qui brille dans son regard, on devine les désirs ardents de son cœur, on soupçonne le feu qui couve en son âme, et voilà qu'à l'écouter, à le considérer, voilà que quelque chose de son enthousiasme se communique à vous et vous pénètre d'un sentiment non encore ressenti. Aussi, lorsque, la visite étant terminée, l'on franchit le seuil de ce local trois fois saint et qu'on se retrouve soudain, et comme sortant d'un rêve, dans cette rue du Bac, où se pressent, se croisent voitures et piétons, autobus et taxis, bicyclettes et véhicules de tout genre, dans cette artère où la foule parisienne poursuit sa course journalière et fiévreuse, voilà que l'on se prend, en dépit de l'étrangeté du lieu, à rêver de cet idéal splendide, capable encore, en ce temps d'indifférence, de veulerie et de perversité morale, de soulever certaines âmes et de les transporter dans des sphères d'une hauteur qui, jusqu'à maintenant, nous paraissaient absolument inaccessibles.

Et ces êtres sont des êtres pétris du même limon que nous. Comme nous ils portent en eux des tendances basses et perverses. Comme nous, aussi, et tout autant que nous, ils ont horreur du moindre effort et sont naturellement rebelles à tout ce qui gêne et contrarie la nature.

D'où vient donc chez eux cet élan généreux qui fait que, d'un bond, d'un coup d'ailes, ils parviennent à s'élever aux plus héroïques vertus? Il fait bon se poser ces questions et s'arrêter un instant à méditer ces choses. Elles nous font toucher du doigt et, par là même, mieux saisir la suprême indifférence de nos vies, la banalité de nos journées et le petit horizon de nos vues.

François Coppée avait un jeune ami au Séminaire des Missions étrangères, et de son âme de poète, éprise d'idéal, il avait, dans un article paru dans le *Journal* et reproduit plus tard dans la *Bonne Souffrance,* parlé de ces vocations d'autant plus sublimes qu'elles sont plus rares. De sa plume enchantée il avait décrit la cérémonie dite des « partants », qui, chaque année, groupe, autour des jeunes religieux désignés pour s'expatrier, leurs parents et leurs amis. Déjà Louis Veuillot, dans *Çà et là,* avait traité le même sujet, sujet poignant entre tous et capable de tirer des larmes des yeux les plus endurcis.

A la suite de la récitation des litanies, qui a lieu dans le jardin de la communauté, au son d'une grosse cloche chinoise, devant l'image de la sainte Vierge, la reine des Apôtres et la reine des Martyrs, les « partants » se rendent à la chapelle, et là le supérieur, au nom de toute la congrégation, leur dit l'adieu suprême. C'est bien un véritable adieu, effectivement, car, par suite d'une règle particulière à leur ordre[1], ces missionnaires ne doivent jamais rentrer en France.

Écoutez Fr. Coppée :

« En termes d'une fermeté rare, — il parle du supérieur, — il insista sur cet adieu, répétant aux voyageurs qu'ils partaient sans arrière-pensée de retour, qu'ils quittaient à jamais leur patrie et leur famille et que la séparation était définitive, complète, absolue. Dans les stalles et dans les tribunes de l'église, il y avait les parents et les amis des jeunes missionnaires. Mais ceux-ci, debout, impassibles, les yeux baissés, les bras croisés sur la poitrine avec une mâle énergie, écoutaient sans un geste, sans un soupir, sans même un battement de paupières, l'orateur qui redisait toujours le mot adieu et leur rappelait sans cesse que le sacrifice était irréparable.

« C'était très simple et c'était terrible. »

La cérémonie se poursuit par le baisement des pieds des partants. Tous se rangent devant l'autel sur une seule ligne, et tous les assistants, pères, mères, frères, sœurs, amis, défilent tour à tour, déposant le baiser d'adieu, entremêlé de flots de larmes, sur ces pieds qui vont aller chez des

[1] Les missions étrangères ne se recrutent qu'en France.

peuples barbares et cruels, porter le nom de Dieu, racheter des âmes et faire aimer la France.

La France! C'est qu'il est un fait absolument incontestable, c'est que partout où pénètre le missionnaire, que ce soit dans l'Inde, en Chine, dans l'Annam, sur les sommets neigeux du Thibet ou dans les plaines glacées de la Mandchourie, chez les noirs de l'Afrique ou chez les jaunes de l'Asie, c'est la France qui paraît avec lui. La joie ne serait pas complète[1] si, tout en baptisant, en convertissant, en évangélisant, il n'arrivait pas à faire aimer ce pays qui est sien et dont il se plaît à apprendre la langue autour de lui en même temps qu'il révèle les beautés de la langue catholique, tenant d'une main la croix, signe de la Rédemption, et de l'autre le drapeau français, signe de ralliement.

Et ce que font ces religieux des Missions étrangères dont je viens de parler, tous les missionnaires, à quelque congrégation qu'ils appartiennent, du moment qu'ils sont Français, — puisqu'ici je ne parle que de ceux-là, — s'acharnent à semer dans les âmes, pour lesquelles ils se dévouent et pour lesquelles ils vont, en chantant, à la mort, avec l'amour de Dieu, l'amour de la France. On dirait que, chez eux, la patrie d'ici-bas n'est que le reflet de celle des cieux et que la passion de l'une ne va pas sans la passion de l'autre.

L'amour de la France! Il est tellement implanté dans le cœur du missionnaire, que l'Académie française le reconnaissait solennellement dans sa dernière séance annuelle des prix de vertu, lorsqu'elle décernait un prix Montyon d'une valeur de six mille francs au frère Évagre, des Écoles chrétiennes, qui, là-bas, en Orient, a ouvert, fondé, soutenu

[1] Il n'est question, dans ce chapitre, que des missionnaires français.

école sur école, et cela à Jaffa, Bethléem, Nazareth, Tripoli, Rhodes, Beyrouth, et qui, de plus, a vu passer sous ses yeux, dans les quatre mille enfants et dans les écoles fondées par lui, quarante mille petits garçons. L'Alliance française, d'ailleurs, par la personne de son représentant, en recommandant ce religieux, ainsi que toutes ses œuvres, ajoutait « qu'on lui devait la prééminence du français, encore à l'heure présente et malgré tant de traverses et de concurrences, à Jérusalem et en Palestine[1] ».

Le frère Évagre n'est pas le seul religieux couronné en 1912 par l'illustre assemblée. L'abbé Heinrich, marianiste, qui a fondé en 1888 des écoles françaises au Japon, écoles que le Gouvernement japonais reconnaît et protège, a reçu un prix de deux mille francs.

Comment passer ici sous silence le nom de cet apôtre, de ce Français aussi, celui-là, de ce prêtre, le Père Brun, qui, en 1892, avec seulement mille francs devant lui et dix-huit petits malheureux, fonda à Nazareth, dans une écurie, un orphelinat pour les petits enfants abandonnés de la Galilée et auquel furent faites des offres très avantageuses, soumises par l'étranger à la condition que l'orphelinat battrait pavillon *allemand*.

Le religieux répondit « qu'il préférait rester pauvre plutôt que de renoncer à voir flotter à Nazareth, sur le point le plus près du ciel, le drapeau français ».

Ce n'est pas seulement à vulgariser notre langue et, par là même, à contribuer à grandir encore notre civilisation française, que les missionnaires s'efforcent de travailler. Ce

[1] Depuis que ces lignes ont été tracées, le T. C. F. Évagre a paru devant Dieu. Il était Provincial de sa congrégation en Syrie et en Palestine. La France a perdu en lui un des plus intelligents et plus méritants pionniers de son influence en Orient.

sont d'abord d'ardents champions de la science. A même d'étudier de près, dans les différentes contrées qu'ils évangélisent, l'histoire, les mœurs, les religions des peuples au milieu desquels ils vivent, certains se livrent à des travaux du plus haut intérêt. Malheureusement, ces études très spéciales restaient, pour beaucoup du moins, enfouies dans les cartons et ne profitaient pas assez au monde savant faute d'une revue spéciale pour les insérer. Il y a cinq ans, un religieux autrichien, le R. P. Schmidt, entreprit de remédier à cet état de choses. Il fonda un organe, *l'Anthropos*, dont le dépôt existe à Paris chez Picard, et qui a pour but de permettre aux missionnaires de publier le fruit de leurs observations et de leurs travaux scientifiques, et cela à quelque nationalité qu'ils appartiennent. La plupart des communications insérées le sont en français, en allemand ou en anglais.

Réjouissons-nous de penser que tant d'observations recueillies tout le long de carrières dépensées dans des pays, pour beaucoup encore, très peu connus des voyageurs, même des explorateurs, désormais seront mises au jour et contribueront encore, grâce, pour notre part, à bon nombre de religieux français, à l'expansion de notre génie national.

Des chercheurs, des savants, nous en trouvons fréquemment chez les missionnaires, et, tandis que je trace ces lignes, mes yeux s'arrêtent sur le portrait de l'un d'eux, le R. P. Savina, originaire du Finistère, qui s'est illustré, dans ces dernières années, par ses travaux sur la langue tay. Le Père a fait paraître un lexique tay-annamite-français, appelé à rendre les plus grands services à ceux qui devront parcourir la haute région comprise entre Laokay et Moncay. Non seulement l'ouvrage fait connaître la langue en question, mais il met au courant des mœurs et des coutumes de la race tay. D'ailleurs, de si laborieux travaux méritaient une récompense, et l'Institut de France s'est chargé d'y pourvoir en accordant au savant religieux le prix Stanislas, d'une valeur de mille francs.

Mais tous ces efforts ne se font pas sans peine et tous ces magnifiques résultats ne s'achètent pas sans rançon. Que de victimes tombent à la peine, tout en traçant le sillon commencé par leurs devanciers! Que de périls encourus, que d'épouvantables angoisses, que d'heures tragiques, que de minutes atroces héroïquement vécues!

« Le missionnaire, en effet, doit presque toujours renoncer à tout ce qui peut apporter un peu de bien-être dans la vie. Il sera souvent privé de nourriture; plus d'une fois, la nuit, il n'aura d'autre abri que la voûte étoilée du bon Dieu. Il sera soumis à toutes les intempéries des saisons. Que sais-je, enfin? Les fièvres des climats malsains ne l'épargneront pas, la lèpre elle-même fera parfois sur lui son œuvre de destruction. Il n'y a pas jusqu'aux bêtes féroces qui n'offrent plus d'un danger à courir. Dans une mission établie aux pieds des montagnes Rocheuses, le Père Andreis, en entrant dans son confessionnal, y trouva pieusement logé, quoi? un ours!

« Mais tout cela n'est rien en comparaison des angoisses qui saisiront parfois l'âme du missionnaire lorsque, après avoir lutté, souffert, après s'être fait maçon, charpentier, forgeron, il verra ses œuvres, c'est-à-dire son église, son école, son hôpital, complètement détruits, dans une seule nuit, par un de ces terribles cyclones, si fréquents dans certaines régions.

« Mais ce qui fera le plus saigner son cœur, c'est lorsque ceux qu'il considère comme ses enfants, pour lesquels il se dévoue nuit et jour, viendront, ruinés par la famine, lui demander d'apaiser leur faim et qu'il n'aura plus rien à leur donner. Il se verra même, très souvent, condamné, faute de ressources, à rester sourd à l'appel de pauvres infidèles désireux de s'instruire. Il verra des enfants vendus comme esclaves trente, cinquante francs, à des maîtres barbares et ne pourra les prendre, ayant épuisé, pour nourrir ceux qu'il a déjà, jusqu'à sa dernière pièce de monnaie[1].

En 1912, Mgr Augouard, durant un séjour de quelques mois qu'il fit en France, un jour qu'il faisait une conférence sur ses missions, racontait à son auditoire terrifié que, couramment, les indigènes mettaient aux enchères les membres d'un malheureux esclave et que, lorsque tous avaient trouvé preneur, la victime était égorgée et que chacun se partageait les différentes parties du corps suivant l'attribution faite avant la mort. Celui-ci prenait un bras, celui-là une jambe, un autre une cuisse et tous mangeaient à l'envi tous ces débris humains.

Il suffit, pour se rendre compte jusqu'où peut aller l'anthropophagie chez certaines peuplades d'Afrique, de jeter les yeux sur l'ouvrage si documenté de M. Fernand Nicolay, intitulé *l'Histoire sanglante de l'humanité*. Le récit des horreurs, en fait de sacrifices humains, que rencontrent dans ces régions, encore vouées au paganisme, les explorateurs et les missionnaires font frémir et frissonner. Il n'est pas, d'ailleurs, jusqu'aux intrépides religieux eux-mêmes qui ne courent de véritables dangers et qui, parfois, succombent victimes de terribles cannibales. C'est ainsi que F. Nicolay cite ce fait inouï que « plusieurs Pères maristes ont été mangés dans une fête par les sauvages de San-Christoval; l'un d'eux, ayant été jugé trop maigre, fut, selon l'ha-

[1] *Catholique et protestant.* M. Rochenor. Tolra, éditeur.

bitude en pareil cas, engraissé pendant plusieurs années avant d'être servi à la table de ces cannibales[1] ».

Il est facile maintenant de se rendre compte des dangers de tout genre que courent les missionnaires, et devant ce tableau, bien incomplet pourtant, on se sent, n'est-il pas vrai, saisi d'un sentiment d'admiration profonde, de vénération sincère pour ces hommes qui s'en vont, avec l'enthousiasme de leur foi, braver la mort dans ce qu'elle a de plus atroce.

Veut-on maintenant savoir comment ils meurent, ces vaillants champions du Christ? Lisez ce que l'un d'eux, M. Théophane Vénard, jeune prêtre des Missions étrangères, écrivait, quelques jours avant sa mort, aux membres de sa famille, pour leur adresser ses adieux :

« Un léger coup de sabre séparera ma tête, comme une fleur printanière que le maître du jardin cueille pour son plaisir. »

Et dans une autre lettre à sa sœur :

« J'attends de jour en jour ma sentence. Peut-être demain je vais être conduit à la mort. Heureuse mort, n'est-ce pas? Mort désirée qui conduit à la vie... Selon toutes les probabilités, j'aurai la tête tranchée : ignominie glorieuse dont le ciel sera le prix. A cette nouvelle, chère sœur, tu pleureras, mais de bonheur. Vois donc ton frère, l'auréole des martyrs couronnant sa tête, la palme des triomphateurs se dressant dans sa main! Encore un peu, et mon âme quittera la terre, finira son exil, terminera son combat. Je monte au ciel, je touche la patrie, je remporte la victoire. Je vais entrer dans ce séjour des élus, voir des beautés que l'homme n'a jamais vues, entendre des harmonies que l'oreille n'a jamais enten-

[1] *L'Histoire sanglante de l'humanité*. Fernand Nicolay. Téqui, éditeur.

dues, jouir de joies que le cœur n'a jamais goûtées. Mais, auparavant, il faut que le grain de froment soit moulu, que la grappe de raisin soit pressée. Serais-je un pain, un vin, selon le goût du Père de famille? Je l'espère de la grâce du Sauveur, de la protection de la Vierge immaculée, et c'est pourquoi, bien qu'encore dans l'arène, j'ose entonner le chant de triomphe, comme si j'étais déjà couronné vainqueur. »

Le moment venu d'être décapité, comme le bourreau, suivant l'usage, demandait au jeune missionnaire, comme à un criminel ordinaire, ce qu'il lui donnerait pour être exécuté promptement, voici la réponse qui lui fut faite :

« Plus cela durera, mieux cela vaudra. »

Le 17 avril 1912 tombait, au Maroc, absolument massacré, le Père Fabre, moine franciscain, celui-là. « Il déjeunait en compagnie de quelques jeunes gens et de deux sous-officiers, quand les bandits révoltés ont envahi l'hôtel où ils se trouvaient. Que faire?

« — Cachez vos armes, dit le Père; ils ont le respect des marabouts, je vais tâcher de les arrêter.

« Et notre cher confrère s'avance vers ces sauvages, en leur disant :

« — Je suis marabout, le Coran vous défend de me frapper. »

« Les premiers rangs le laissent passer, mais bientôt il reçoit deux balles en pleine poitrine, et tombe devant la porte de la salle à manger. Les bandits se précipitent sur son corps, lui tranchent à moitié la tête, le lardent de coups de poignard, lui ôtent ses habits et le laissent à moitié nu. Je viens de voir, en compagnie du Père Julien et de quelques amis, l'endroit où il est tombé; l'empreinte de son corps est parfaitement distincte dans son sang, c'est affreux à voir! Nous avons retrouvé une dizaine de son chapelet, couverte de sang[1]. »

Le général Moinier, lors des obsèques des victimes de

« Je suis marabout, le Coran vous défend de me frapper. »

cette horrible boucherie, le 6 mai 1912, alors que le drapeau tricolore recouvrait la tombe encore ouverte où venaient d'être déposés leurs corps, parla bien haut de ce prêtre qui s'était offert à la cible des Marocains, dans l'espoir de sauver la vie de ses compagnons.

Faut-il rappeler ici les épouvantables massacres d'Adana

[1] Extrait d'une lettre du Père Dominique Bouchery, franciscain, aumônier à Rabat, lettre communiquée par le *Bulletin de l'Aumônerie coloniale* de 1912.

et l'héroïsme déployé en ces sinistres jours par les missionnaires français, jésuites et maristes, capucins et lazaristes, et par les Sœurs de Saint-Joseph, de Lyon, dont la supérieure, la Mère Mélanie, mérite d'être nommée tout spécialement ici ?

Plus de six mille Arméniens s'étaient réfugiés à la résidence des Pères Jésuites. Chez les religieuses, il y avait à protéger leurs orphelines et plus de deux mille indigènes qui étaient accourus chercher un asile et une sauvegarde contre l'incendie et contre les balles des révoltés.

Impossible de tenter une fuite, ce serait aller droit à la mort. Un Père donne l'absolution générale, puis la Mère Mélanie appelle ses filles.

« Mes sœurs, leur dit-elle, je ne vous y oblige pas, mais j'invite celles qui en ont le courage à venir avec moi occuper un poste d'honneur. »

Toutes la suivent et elles se massent derrière la porte, faisant ainsi un rempart de leurs corps aux pauvres gens qu'elles défendent et protègent. Tout brûle, tout est saccagé. L'ambulance elle-même n'est pas épargnée, tout ce qu'elle contient devient la proie des flammes; « tout, tout, écrit une sœur, même le cher drapeau français qui flottait sur la maison. »

« C'est avec un patriotique orgueil que je le dis ici, s'écriait M. F. Masson, dans le rapport qu'il faisait, cette année-là, sur les prix de vertu, lorsqu'il faisait revivre sous la coupole les tragiques journées d'Adana. Nul des Français, dont la maison était devenue un lieu d'asile, n'eut la tentation d'acheter la conservation de son existence et de ses biens avec la vie de ces misérables qui s'étaient fiés à lui. Épuisant, pour les nourrir, leurs suprêmes ressources, leur enseignant le courage et, aux moments mêmes où la mort était imminente, rassurant leurs cœurs par le sourire de la joie française, ils les portèrent jusqu'au salut, capucins et lazaristes, trappistes et jésuites. » Et M. Masson poursuit en citant, à côté des noms des missionnaires, des noms de civils, d'industriels qui se décuplèrent en faveur de ces étrangers qui s'étaient, à l'heure du suprême péril, jetés dans leurs bras, comme dans les bras de la France elle-même.

Devant une si sublime attitude en face de la mort, je ne résiste pas au plaisir de citer ici un fait que Henry Bordeaux rappelait quelque part, il n'y a pas longtemps.

Racontant l'odieux massacre du 21 juin 1870, à Tien-Sin, de dix filles de la Charité, il rapporte que, pour ces vierges, avides de verser leur sang pour l'époux divin, tout était sujet à conversation sur le martyre.

« Au repassage, dit-il, quand une cornette montrait une blancheur éblouissante, une des religieuses proposait :

« — Si on la mettait de côté pour le grand jour? »

« Et l'on réservait la plus belle. »

Elle se leva l'aurore du grand jour si ardemment désiré. Il se réalisa le beau rêve entrevu. Les dix vierges furent massacrées sans pitié, la supérieure en tête. Ce matin-là, certes, les cornettes étaient blanches, mais elles s'empourprèrent bien vite du sang qui jaillit sous les poignards des égorgeurs. De ces religieuses, six étaient Françaises[1]. »

Lisez maintenant, ou plutôt méditez ce récit de la mort du Père Jacques Berthieu que, dans un article signé Fourvière et paru dans le numéro de l'*Éclair* de mai 1913, ce grand quotidien portait à la connaissance ou, pour mieux

[1] Parmi ces filles de Charité si horiblement massacrées, je ne saurais oublier de mentionner la sœur Marie-Pauline Viollette, d'une des plus honorables familles de la ville de Tours.

dire, à l'admiration de ses lecteurs. On croirait être revenu au temps des persécutions contre les premiers chrétiens.

« Nous sommes à Ambohubemasvandro (Madagascar), en pleine insurrection. Les chrétiens fuient devant les rebelles. Pour ne pas abandonner un groupe de malades incapables de fuir, le Père est resté. Il est seul avec eux, il est pris; on l'entraîne vers le sud. En route, il subit un court interrogatoire. Comme il fait le signe de la croix, on le soufflette, il reçoit deux coups de couteau. Dépouillé complètement de ses vêtements, il poursuit son calvaire sous une pluie battante, jusqu'à Ambohitra.

« ... C'est lentement qu'on fusillera le martyr. D'un premier coup de feu, on lui casse l'épaule; un autre l'atteint à la cuisse. On brise devant lui son chapelet :

« — Tiens, ton amulette, c'est avec cela que tu égares le peuple; voilà ce qu'on en fait; tu ne pourras plus prier avec! »

« Il répond simplement :

« — J'ai fait l'abandon de ma vie. Que m'importe que vous me mettiez à mort; je meurs pour mon Dieu et pour la France! »

« Une balle le frappe en pleine poitrine. Il tombe, mais se relève :

« — Ah! tu vis encore! » clama un Fahavolo. Il lui plonge son sabre jusqu'à la garde dans le flanc gauche. Cette fois, c'est la fin. Les yeux du mourant remuent encore, on lui écrase la tête à coups de gourdin; son corps est foulé aux pieds, mutilé odieusement, lardé de coups de lance.

« Il pouvait être 6 heures du soir; il avait été arrêté à une heure de l'après-midi. »

Mais ce n'est pas toujours en versant son sang que le missionnaire monte, si je puis ainsi parler, jusqu'au paroxysme de l'amour. Il est des dévouements de tout genre, et, je pourrais ajouter, presque d'inédits. C'est Mgr Augouard lui-même qui parle. Il s'agit de l'un de ses religieux :

« J'ai connu là-bas un Père de mes missionnaires qui fut un jour atteint de la maladie du sommeil. Cette maladie, vous le savez, ne pardonne pas. C'est la mort certaine, non pas brutale et franche, mais sournoise et traîtresse, la mort qui met six mois à torturer son patient. Ce Père vint me trouver et me dit :

« — Je suis perdu et je viens vous demander de me renvoyer en France. Je regrette, frappé trop tôt, de n'avoir pu rendre service en ce pays du Congo, où ma foi chrétienne m'a appelé, mais j'ai pensé que je pourrais peut-être, comme moribond, servir à la science. Je vous demande de m'envoyer à l'Institut Pasteur, avec l'ordre de se livrer sur mon corps de mourant à toutes les expériences que les savants trouveront utiles pour trouver le remède à la maladie dont je vais mourir. Je vous apporte l'autorisation signée de mon nom. »

« Après avoir hésité, j'ai pensé qu'il était de mon devoir de prêtre et de missionnaire d'accepter l'offre d'un tel héroïsme. Le Père fut envoyé à l'Institut Pasteur, où son nom est vénéré comme celui d'un martyr.

« Pendant quatre mois on se livra sur lui aux expériences les plus douloureuses, sans que jamais un cri d'angoisse ou de révolte s'échappât de ses lèvres fermées par un serment. Je ne sais si vous connaissez les ponctions lombaires que font les savants pour se renseigner sur l'état des liquides organiques. C'est une douleur atroce, une abominable souffrance. On les multiplia, sur le désir même du Père, et lorsqu'un jour, épuisé, vaincu, il voulut, malgré tout, faire œuvre de courage chrétien, il s'en alla, un matin, au jardin du Luxembourg, relire le bréviaire. Le livre lui échappa des mains et il tomba mort dans une allée, ayant terminé son apostolat.

« Il s'appelait le Père Beauchesne. »

A ceux qui, plus d'une fois, peut-être, en lisant ce livre, seraient tentés de trouver que l'auteur immortalise ses sujets en leur décernant trop facilement le titre de héros, je livre ce fait, leur laissant le soin d'apprécier si, pour cette fois, du moins, l'épithète en question leur semble exagérée.

Parmi les fléaux, — en tant que maladies, — qu'ont à redouter les missionnaires, la peste est, sans contredit, l'un des plus terribles. Elle fait, à certains jours et dans certaines contrées, de nombreuses victimes. Je n'en veux pour preuve que la dernière épidémie qui, en 1912, fut particulièrement désastreuse en Mandchourie. Avec le docteur Nesmy, foudroyé par le mal contre lequel il luttait avec tant d'énergie, à Karbine, où il avait été appelé par le Gouvernement chinois, tombèrent avec lui trois religieux accourus à l'heure même du danger et qui payèrent de leurs vies, à tour de rôle, leur dévouement pour les pestiférés. Ce sont les Pères Bourlès, Delpal et Mutillod, tous trois de la congrégation des Missions étrangères.

Dans un article sur ces nobles victimes, Henry Bordeaux cite quelques lignes d'une lettre où il est dit :

« Le plus grand danger en Mandchourie, c'est la panique. C'est pourquoi les sœurs et les missionnaires sont plus à l'abri que les autres, parce qu'ils n'ont pas peur. »

Je relève ce dernier mot : peur. Et de quoi donc? Ceux qui s'en vont ainsi, de par delà les mers, affronter les périls et la mort, sous quelque forme qu'ils se présentent, sont formés à l'école par excellence, à celle du sacrifice. Tout jeunes encore, à l'heure même où d'autres courent à leurs plaisirs, eux, les passionnés du bien, ils ont fait déjà l'offrande et l'abandon de leur vie. Alors qu'ils se sont une fois livrés, ils ne se reprennent plus. Ils répètent continuellement cette admirable prière de l'*Imitation* :

« Seigneur, mettez-moi où vous voudrez et disposez de moi librement en toutes choses. Je suis dans votre main, tournez-moi et retournez-moi en toutes manières. Agissez avec moi selon vos vues, selon votre plaisir et pour votre plus grande gloire[1]. »

Écoutez, d'ailleurs, ce que le fondateur des Petites Sœurs de l'Assomption, le Père Pernet, répétait continuellement à ses filles :

« Nous devons être toujours dans la disposition de monter sur l'échafaud ou de descendre dans la fournaise pour glorifier Dieu et lui prouver notre amour. »

Et encore : « Il faut que l'héroïsme soit dans notre cœur une disposition habituelle et que vous soyez prêtes à tout affronter pour sauver une âme. »

De même qu'il y a, de par le monde, des chercheurs d'or, il y a aussi des chercheurs d'âmes, et les missionnaires sont de ceux-là.

Ils les poursuivent en tout lieu, dans les contrées les plus lointaines, sous tous les climats et sous toutes les latitudes, en dépit de leurs fatigues, de leurs santés et de leurs angoisses. Pour les âmes, ils ont tout quitté; pour elles, ils sauront tout affronter, tout supporter, tout souffrir. Procurer la gloire de Dieu, *Ad majorem Dei gloriam,* c'est le mot

[1] *Imitation*, l. III, ch. xv.

d'ordre des disciples de saint Ignace, et ce mot, depuis qu'il est lancé et qu'il court le monde, a suffi pour faire lever une armée de soldats du Christ.

Adveniat regnum tuum! C'est la devise des religieux de l'Assomption, et cette devise leur a fait soulever des montagnes.

Sitio! disait Jésus sur le Calvaire. *Sitio!* répètent après lui les apôtres et les martyrs. Oh! oui, ils ont soif des âmes, ces hommes épris d'amour divin, fous de la sublime folie de la Croix, qui se jettent dans la mêlée avec l'enthousiasme de leur foi, se souvenant qu'il n'est pas de bien sans larmes, pas de conquête sans labeur, pas d'amour sans sacrifice et pas de rachat sans souffrance. Et voilà pourquoi nous assistons chaque jour à des faits qui confondent notre orgueil et stupéfient notre nature essentiellement égoïste.

Les traits d'héroïsme, mais ils abondent dans la vie des missionnaires. Jugez plutôt :

Après la mort du Père Damien, l'apôtre des lépreux, lorsque son évêque, Mgr Herman, de la congrégation de Jésus et de Marie, dite de Picpus, cherchant un religieux pour le remplacer au poste si dangereux de Molokaï, demanda lesquels voulaient s'offrir, une acclamation lui répondit que « tous étaient prêts ».

Parmi ceux qui se dévouent particulièrement aux lépreux, comment ne pas citer ici le Père Marie Bernard, qui exerce son apostolat d'héroïque charité en Abyssinie, au Harrar, le centre de la province conquise par les Abyssins sur les Gallas? Grâce à la générosité du Taz Makounen, ce religieux put établir une léproserie sur un terrain à lui. Ce fut lui qui, de ses propres mains, édifia les paillottes des lépreux, construisit une chapelle, un semblant de monastère pour les religieuses qui, avec lui, se partagent les soins à donner à ces malheureux parias. C'est ce même Père Marie Bernard qui fut choisi par Ménélik pour porter à Sa Sainteté Pie X la grande croix de l'ordre impérial d'Éthiopie, ainsi que les fameux lionceaux dont on a tant parlé à cette époque.

Il n'y a pas longtemps, un apôtre des lépreux, le Père Isidore Dupuy, mourait de l'affreuse maladie, contractée en soignant ceux de Ambohimahazo (Madagascar). C'était le 3 octobre 1912.

Le Père Dupuy, originaire de Bordeaux, était un ancien aumônier-interprète attaché au corps du général Voyron. Il avait été décoré de la Légion d'honneur, à la fin de cette guerre coloniale pendant laquelle il avait assisté plus de deux mille mourants. La campagne terminée, il avait sollicité du Gouvernement le poste d'aumônier de la léproserie d'Ambohimahazo.

C'est là que le terrible mal saisit le religieux. Il fut pris d'abord par les pieds. Il vécut alors seul, relégué dans une petite case, en face d'un parterre de fleurs, planté délicatement par les mains d'un ami, le Père Beyzim, son collaborateur, qui, lui-même, atteint de la lèpre, le précéda dans le tombeau. Souriant à la mort qui faisait, chez lui, lentement, mais sûrement son œuvre, le Père Dupuy assistait de gaieté de cœur aux progrès du mal et à la désarticulation de ses membres. Peu de temps avant de mourir, écrivant une lettre, il la signait ainsi : « ISIDORE DUPUY, chevalier de la lèpre. »

J'ai nommé plus haut les Jésuites. Jusqu'où ceux-là aussi ne vont-ils pas pour chercher et ramener des âmes? Un membre de l'Institut anthropologique de Londres, M. R. W. Williamson, raconte que, dans un voyage fait par lui en Nouvelle-Guinée, où il a exploré le pays d'une peuplade jusqu'ici inconnue, les Mafoulous, sauvages des plus répugnants, quelle n'a pas été sa stupéfaction de trouver là deux jésuites français vivant au milieu d'eux et se consacrant à leur évangélisation. Or, d'après les détails fournis par cet explorateur, ces sauvages sont des êtres absolument dégradés, ayant un véritable culte pour les pourceaux. De plus, ils sont cannibales.

« Là, dit M. Williamson, dans ces régions sauvages, loin de toute civilisation, j'ai trouvé deux prêtres français, deux jésuites. Je ne saurais exprimer mon immense admiration pour ces deux hommes qui vivent là, seuls, et sans aucune protection. »

Qui n'a pas été touché jusqu'au cœur, en apprenant, par la voix des journaux, la tendre sollicitude de Pie X pour les pauvres Indiens de l'Amérique du Sud, si délaissés au point de vue religieux? Afin de faciliter l'évangélisation de ces différentes tribus : Peaux-Rouges, Carajas, Tapirapés, tous peuples groupés sur les rives du grand Araguaya, le Saint-Père vient de promouvoir le Père Carrérot, dominicain de la province de Toulouse et supérieur de la mission de Conceiçao (Brésil), à la prélature de ce siège, créé pour lui, avec le titre d'évêque d'Uranopolis.

C'est en 1885, quelques mois après avoir été ordonné prêtre, que le jeune religieux partait pour le Brésil et rejoignait un autre religieux de son ordre, le Père Gil Vilanova, originaire de Marseille, qui, déjà, s'était donné à l'apostolat de ces êtres dégénérés. Sans aucune ressource, sans aucun moyen d'existence, sans communication possible avec leurs semblables, les deux missionnaires connurent toutes les privations, toutes les amertumes, tous les dangers. Le Père Gil ne tarda pas à succomber, mais le Père Carrérot continua, malgré tout, son pénible ministère. Il fit si bien, il se dépensa tellement à adoucir les mœurs de ses fils adoptifs, que quelques familles brésiliennes, rassurées par l'influence que le missionnaire a su prendre sur eux, sont venues s'installer à Conceiçao. Des religieuses dominicaines n'ont pas craint de venir aider le Père dans ses œuvres, toutes de dévouement et d'abnégation. Le territoire dont Mgr Carrérot a l'administration est aussi grand que la France, et, pour desservir cet important diocèse, il n'y a que quatre prêtres, dont l'évêque, tous dominicains français.

Plus récemment encore, le 23 novembre 1912, le R. P. Genochi partait de Lisbonne avec un groupe de frères mineurs anglais, pour leur nouvelle mission de Putumayo, dans l'Amérique du Sud également. Devançant le Gouvernement britannique, à la suite de faits qui lui avaient été rapportés sur les agissements de la compagnie anglaise de Putumayo vis-à-vis des indigènes, le Pape, d'après une enquête particulière sur les faits monstrueux qui se produisaient dans ces régions lointaines, avait déjà rédigé l'encyclique sur les Indiens quand le Parlement anglais s'émut à son tour. D'ailleurs, il n'est que juste de reconnaître avec quelle loyauté le cabinet britannique, en exposant devant la Chambre des Communes la situation, constata que, seule, l'Église catholique pourrait y remédier.

Bien qu'il s'agisse de religieux n'appartenant pas à la nation française, je n'ai pu résister à la satisfaction de leur rendre ici un éclatant hommage. Si, dans ces pages exclusivement consacrées à louer et à faire ressortir l'héroïsme de notre race, je dois, par là même, passer sous silence les hauts faits accomplis par d'autres que par les nôtres, je m'en voudrais, en revanche, lorsque l'occasion surgit, de ne pas les saluer au passage.

J'ai parlé plus haut du Père Gil, mort à la fleur de l'âge, victime des privations, des fièvres et du climat meurtrier sous lequel il vivait. Combien meurent ainsi, fauchés dès les premières années de leur apostolat, en pleine jeunesse, en pleine force, en pleine activité. S'il est, pour le missionnaire, un genre de mort comportant le sacrifice suprême, c'est bien celui de la mort naturelle, arrêtant d'un seul coup tous les rêves formés, brisant soudain l'espoir du martyre, martyre depuis longtemps entrevu, désiré, accepté, savouré.

Chaque année, on peut le dire, Dieu se plaît à rappeler à lui quelques-uns de ses plus nobles enfants dans ces conditions, leur réservant le mérite, non seulement de leurs œuvres accomplies, mais aussi de toutes celles rêvées par leur esprit et leur zèle apostolique. Fleurs embaumées du divin parterre que le Maître du jardin cueille à son heure, se contentant des efforts donnés et tenant pour faits tous les pieux projets conçus, toutes les conversions préparées et non encore réalisées, qu'il eût été doux et consolant au jeune missionnaire de compter et d'enregistrer, mais qu'il lui sera bien plus méritoire encore d'abandonner à d'autres.

Tel ce vaillant religieux de la Compagnie de Jésus, le R. P. André de Grandmaison[1], terrassé en plein travail, en pleine semaille, et qui, à la veille de récolter la moisson, le 1er août 1912, se vit enlevé à sa chère et bien-aimée mission de Han-Chan[2] par une vague de chaleur, comme il en vient à passer de temps à autre dans ces dangereuses contrées.

Seul, sans aucun confrère pour l'assister, absolument terrassé par la chaleur qui le dévorait littéralement, le Père,

[1] Du diocèse de Tours.
[2] Située dans le Sé-Tchouen, province occidentale de la Chine.

sentant qu'il allait mourir, dut se communier lui-même, et c'est en pleine connaissance qu'il rendit sa belle âme à Dieu, lui offrant le sacrifice suprême, celui de sa vie, qu'il lui avait entièrement consacrée, alors que ses aptitudes pour les sciences et son esprit inventif lui permettaient dans le monde une superbe carrière[1].

J'imagine qu'à son heure dernière le Père de Grandmaison dut avoir un dernier regard, une dernière pensée pour la Patrie et surtout pour la petite Patrie, pour ce coin fleuri de Touraine où s'abritèrent son enfance et son adolescence. J'imagine, enfin, que ses yeux, en se voilant, cherchèrent encore une fois la maison familiale, le cher et bien-aimé foyer où tant de cœurs battaient à l'unisson du sien.

A la mère du jeune missionnaire, qu'il nous soit permis d'offrir ici ces quelques vers qu'au lendemain de la triste nouvelle notre plume, tout naturellement, traça sur le papier :

Mère, écoutez-moi bien : là-bas, au champ d'honneur,
Votre fils en tombant rechercha votre image.
Lorsqu'il fallut répondre au divin Moissonneur,
Laisser là tout son œuvre, en un suprême hommage,
Il revit vos doux yeux et vous nomma tout bas,
Puis aussi vous sourit et vous bénit, peut-être...
Mais vous étiez si loin, vous n'entendîtes pas!
Il vous dit son merci dans son âme de prêtre,
Puis tourna vers la France un amoureux regard,
Et les anges groupés, tout autour de sa couche,
Chantèrent avec lui l'hymne pour le départ.
Mais Dieu permit à l'un de cueillir sur sa bouche
Le nom que dans un souffle il prononçait encor.
Ce nom, c'était celui que tout enfant épelle,
Que le jeune homme évoque, en ses beaux rêves d'or,
Et que le moribond, dans son délire, appelle :

[1] Le Père André de Grandmaison n'avait que trente-sept ans.

« Maman! » disait-il donc. « Maman! » répétait-il,
Et ce mot résonnait sur sa bouche expirante.
Or c'est Dieu qui voulait qu'en ce lointain exil
Il eût, devant les yeux, l'image de l'absente.

Ce serait une grave erreur, — et beaucoup la commettent, — de croire que le cœur du missionnaire est à tout jamais fermé aux sentiments sacrés de la famille. Tout homme, quel qu'il soit, porte dans le sanctuaire intime de son cœur le culte du premier nid, l'amour du foyer paternel, et, plus que d'autres peut-être, l'âme délicate et pure de l'apôtre, de l'exilé volontaire, entretient en son cœur, toujours jeune, non flétri par des affections étrangères, la flamme sainte de l'amour filial. Dans les sables ardents du désert, parmi les faces jaunes ou noires, jusque dans les régions glacées du Nord, il est touchant de constater combien ces hommes généreux gardent vivace et tendre le souvenir du petit coin de France où s'élève l'autel domestique. Dans ces âmes si trempées, si viriles, capables de tous les dévouements et de tous les sacrifices, il est une corde, sensible entre toutes, qui vibre au moindre souffle et dont les accords, tendres et doux, nous étonnent et nous émeuvent. Pour ces hommes, qui parfois touchent à des hauteurs qui, hier encore, nous semblaient inaccessibles, « la maison, » pour parler comme Henry Bordeaux, est toujours « la maison ». Son image et tout ce qu'elle comporte de détails matériels et de souvenirs vécus est si bien gravée en leur esprit qu'ils l'emportent avec eux partout où les entraînent leurs pas, qu'ils la gardent jalousement en eux et qu'aux heures tristes, lorsque le corps est las, et que le cœur se gonfle, c'est encore, c'est toujours elle sur laquelle leur pensée prend plaisir à se reposer.

Aux mères de ces grands enfants disséminés sur tous

les points du globe, je dédie ces lignes, capables, ce me semble, de faire tomber de leurs yeux, voilés peut-être déjà par les pleurs, une perle de plus, que leurs anges et ceux de leurs fils recueilleront pieusement, pour les enchâsser dans la couronne qui les attend là-haut.

Après tout, qu'y a t-il donc de surprenant à ce que le missionnaire, sur la route de l'exil, garde en son cœur un si vivace souvenir des lieux où s'écoula son enfance, alors que nous, qui pourtant n'avons jamais quitté la terre de France, trouvons une puissance si profonde à nous reporter en arrière et à revivre la trame des ans écoulés?

Nous la revoyons dans ses coins et dans ses moindres recoins la chère maison où nous sommes nés, où nous avons grandi, où nous avons été formés à la grande science de la vie. Ici nous avons ri, là nous avons pleuré! Voici l'appartement, théâtre de nos jeux favoris. Cette fenêtre était celle s'ouvrant sur notre chambrette et l'égayant, à chaque aurore, de tous les rayons de soleil qui se glissaient sous chacun de nos pas et presque dans les replis secrets de notre cœur.

Comment revivre sans émotion cet âge heureux où, non seulement on ne croit pas au mal, mais où l'on voit la vertu partout; où l'on voudrait verser sur tous les êtres qui nous entourent tous les parfums de son cœur; où l'on ne rêve, enfin, que dévouement et générosité?

Pages ensoleillées d'une délicieuse jeunesse, c'est en pleurant que nous vous baisons. Depuis longtemps déjà, nous avons laissé votre sillon derrière nous. Maintenant que les cheveux blanchissent, que les illusions s'en vont, hélas! jour par jour, comme feuille à feuille, à l'automne, se dépouillent les grands arbres, il est doux et bon de vous relire et, dans nos heures douloureuses, vous nous apportez comme un rayon du ciel. Et puisqu'il est dit que tout être, ici-bas, doit, à une heure voulue de Dieu, goûter aux fruits de cet arbre ensanglanté qu'on nomme la douleur, si nous, pauvres misérables que nous sommes, lorsque la souffrance vient à nous effleurer de son aile, nous avons tant de peine à ne pas nous récrier, comment ne pas admirer ceux qui vont au-devant d'elle, lui tendent leurs bras, et qui, lorsqu'elle les touche de son stylet, posent sur elle leurs lèvres en s'écriant comme saint André : *O bona Crux!*

Dans leur dernier numéro de 1911, les *Missions catholiques*, comme chaque année, d'ailleurs, publiaient la liste des missionnaires tombés, au cours de 1910, dans les travaux de l'apostolat. Sur cent soixante dix-huit noms, quatre-vingt-sept étaient français, chiffre auquel il convient d'ajouter quatorze noms d'Alsaciens du diocèse de Strasbourg. A la fin de 1912, la statistique porte les morts, pour les Français, à huit évêques et à quatre-vingt-onze prêtres. Ces missionnaires appartiennent à différentes congrégations religieuses.

Inclinons-nous très bas devant ce glorieux martyrologe. Ces hommes terrassés en plein labeur, ils étaient bien des nôtres; mais leur vocation sublime les voulait sur une autre terre que sur la terre de France. Qu'importe, puisque partout où ils passèrent ils la firent aimer et bénir. Porteurs de la bonne nouvelle, ils ont traversé les mers, franchi les montagnes, souffert la faim et la soif, les fièvres, la peste et la lèpre. Ils ont enduré, tantôt les rayons brûlants d'un soleil de feu, tantôt les températures glaciales du septentrion. Leurs corps se sont épuisés, leurs pieds se sont ensanglantés aux pierres et aux ronces du chemin, leurs membres ont été lacérés par les coutelas, les flèches et les sagaies; leurs langues ont été coupées, leurs ongles arrachés; leurs mains n'ont pas, quand même, cessé de se lever pour bénir et pour pardonner.

Honneur donc à ces hommes qui ont tout abandonné,

Leurs membres ont été lacérés par les coutelas, les flèches et les sagaies.

tout sacrifié pour se lancer, à travers le monde, à la poursuite des âmes. L'âme, tout est là! L'âme, n'est-ce pas, en effet, l'arche sainte, le tabernacle sacré où se concentrent toutes les générosités et tous les héroïsmes, le calice d'or où le sang de l'homme s'offre uni à celui de son Dieu?

Mais l'âme est aussi la source où se forment et se nourrissent tous les vices, le réceptacle de nos mauvais instincts, et c'est ainsi qu'elle peut devenir, chez des êtres sans foi, sans instruction, un véritable foyer de perversité.

Voilà tout le pourquoi de la vocation du missionnaire. C'est pour arracher les âmes à leur perte, c'est pour leur assurer le bonheur de l'autre vie, c'est pour les enlever à l'idolâtrie, c'est pour en faire des êtres purs de dégradés qu'ils sont, que tous ces religieux vont vers eux, s'offrant eux-mêmes au ciel pour payer leur rançon.

Oh ! mystère incompréhensible d'amour que chaque larme qui coule, que chaque sueur qui perle, que chaque effort qui se produit se divinise sous l'action surnaturelle de la grâce. Oui, c'est du sang qui est répandu, là-bas, sur les rives lointaines et barbares du continent noir, c'est du sang qui jaillit, et à pleins flots encore, et les rues des cités et les ruisseaux des campagnes sont bien souvent rougis par le jus vermeil échappé des veines et des artères de nos martyrs. Sang virginal et pur d'innocentes victimes, que les saints du ciel doivent recueillir, à genoux, avec un pieux respect et présenter au Très-Haut pour le rachat de la patrie coupable.

Ah ! que, dans son beau paradis, Jésus doit sourire à tous ceux-là qui, non contents de lui donner leur jeunesse, leur santé, leurs biens et leurs rêves d'avenir, s'en vont jusqu'à verser, pour lui, le Maître adoré, tout le sang qu'il avait mis en eux, n'admettant pas qu'il souffre seul sur le Calvaire et voulant, à cette heure suprême du sacrifice et de l'amour, briser à ses pieds leur vase, tout plein de ses odorants parfums.

Certains, nous l'avons vu, n'auront pas à verser leur sang, mais ils offriront les angoisses de leurs cœurs déchirés, leurs pas fatigués et meurtris, leurs déceptions, leurs amertumes, et leur oblation, elle aussi, montera, comme un encens très pur, consoler et réjouir le divin crucifié. C'est ainsi que tous, dans une ascension superbe, s'élevant bien au-dessus de toutes les passions humaines, ne touchant à la terre que pour la frôler de leurs pas et l'effleurer de leurs ailes, montent chaque jour plus haut vers ces régions éthérées dont parle le Père Gratry lorsqu'il s'écrie :

« Non, l'Idéal n'est pas un leurre. Ni le cœur, ni l'imagination, ni la prière ne peuvent aller trop loin. Tout est encore plus beau que ce que l'on rêve; tout est encore plus grand que ce que l'on croit, meilleur que ce que l'on désire. »

En terminant ce chapitre, il me semble avoir suffisamment démontré que, chez le missionnaire, il y avait, à la fois, de l'apôtre, du soldat et du conquérant. Par tous ces titres et par bien d'autres encore, j'estime que ces hommes dont nous avons admiré l'extraordinaire trempe figureront magnifiquement à côté de ces héros du devoir dont il a été parlé précédemment. Prêtres et soldats peuvent se donner la main. Tous, en effet, qu'ils portent la robe de bure ou le pantalon rouge, vivent sous la grande et sublime loi du sacrifice et, comme a dit si éloquemment Mgr Bougaud :

« Toujours la couronne de lauriers a reposé sur des fronts meurtris, et l'auréole de la sainteté n'a jamais ceint que des cœurs crucifiés. »

VII

A LA FRANCE

Gesta Dei per Francos.

C'est de toi, ô ma France aimée, que j'ai parlé tout le long de cet ouvrage, car, en glorifiant tes enfants, c'est toi que je glorifiais par là même, et c'est encore de toi qu'avant de déposer ma plume et de fermer ces pages, je voudrais parler une dernière fois.

Oui, ce n'est pas en vain que Dieu te fit si belle, si grande et si bonne, et qu'il mit dans ton sein des richesses si précieuses et des vertus si hautes. Il te voulait mère de nobles et héroïques enfants, et, pour eux, Il se plut à te parer d'une céleste et radieuse beauté.

Il fit tes soirs limpides et tes matins embaumés. Il irisa tes aurores et dora des feux de son soleil les couchants de tes soirs. A fusion, sur ton sol, Il sema les blés d'or, les simples de nos champs, les fleurs éclatantes et parfumées. Il jeta sur tes coteaux et pendit à tes treilles les grappes au jus vermeil ou celles d'où s'échappe le capiteux nectar.

C'est Lui qui, dans le creux de tes vallées, mit les ruisseaux qui pleurent et les sources qui chuchotent leurs délicieux secrets. Il voulut aussi, pour toi, les vastes horizons et te donna des cimes du sommet desquelles l'œil ébloui peut s'égarer dans l'infini des cieux.

Il darda les rayons de son astre resplendissant sur ta Côte d'azur, à dessein de réchauffer ceux dont le sang appauvri se glace dans leurs veines; puis, afin d'égayer leurs derniers et langoureux regards, Il pendit des fruits d'or aux arbres de tes vergers.

Il rendit tes champs fertiles et tes prés verdoyants. Il arrosa tes plaines par les eaux de tes fleuves. Au majestueux Océan qui baigne, en partie, tes rivages, Il donna ses vagues toutes blanches d'écume qui, tantôt mugissantes, se brisent en courroux sur tes rochers superbes, ou tantôt câlines et charmeuses, caressent tendrement tes plages.

Mais tout cela n'était rien. Sur ce sol si riche, si fécond et si beau, Il implanta la race. France, Dieu te voulut mère de nombreux et de glorieux enfants. Il te donna des fils, et, soufflant sur leurs âmes, Il les voulut nobles, généreuses et hardies. A ces vertus chevaleresques, Il joignit la pitié. Et c'est là tout le secret de la bravoure, de l'héroïsme et de la bonté que l'on rencontre chez les tiens. Est-il un cri d'appel auquel un Français ne réponde? Est-il une plainte à laquelle il reste indifférent? Que ce cri, que cet appel, parte du cœur même de la Patrie ou qu'il provienne d'outre-mer; qu'il nous arrive de la Martinique ou de Messine, ou bien encore des États balkaniques, partout où se rencontrent des plaies à panser et des cœurs à consoler la France apporte, avec son or, toute l'amoureuse commisération de ses enfants.

Gesta Dei per Francos, c'est le cri de la vieille et merveilleuse légende de l'histoire à jamais glorieuse de notre pays.

Les ans et les événements l'ont consacré. Jeanne d'Arc l'a souligné, et bien d'autres après elle, dans la suite des siècles. Et, de nos jours encore, il suffit qu'un être quelconque souffre et pleure pour que la France se penche sur lui, le prenne dans ses bras, l'enserre sur sa poitrine et fasse tomber sur lui quelques gouttes du sang de son cœur.

La guerre des Balkans, pour ne parler que d'elle, n'a-t-elle pas, dès son début même, provoqué d'une façon bien profondément touchante le dévouement des nôtres? A peine les Serbes, les Bulgares, voire même les Turcs, tombaient-ils sur les champs de bataille que, d'un élan superbe, Français et Françaises, prêtres, chirurgiens, religieuses, dames de la Croix-Rouge, infirmiers volontaires, volaient à leur secours. Donnant avec leurs bourses toutes les réserves de leurs cœurs, on les voyait ouvrant des hôpitaux, soignant les blessés, sans distinction de religion ni de nationalité et arrachant à l'un d'eux, couché sur son lit de douleur, ce cri si éloquent dans sa simplicité :

« La France est généreuse! Merci à la France! »

Comme il est joli ce mot d'un étranger pour exprimer sa gratitude, ce « merci à la France » tombé des lèvres d'un mourant soigné, pansé, consolé à l'ombre du drapeau tricolore et trouvant dans un sourire français, dans la bonté et la gaieté françaises, un tel réconfort, que c'est à la grande et généreuse nation elle-même qu'il adresse l'expression de sa reconnaissance.

C'est que, l'on ne saurait trop le redire, c'est au lendemain même de l'ouverture des hostilités dans les Balkans que, sur la demande du ministre de la France à Sofia, la société de secours aux blessés militaires décidait d'envoyer une mission en Bulgarie, pour porter assistance aux blessés de l'armée bulgare. Une première ambulance fut organisée à Sofia, puis une deuxième à Philippopoli, dans le collège dès Pères Assomptionnistes.

C'est au cri de « Vive la France! » que furent reçus nos compatriotes. On peut évaluer à un millier les blessés qui furent soignés dans ces deux ambulances.

Mais ce n'est pas seulement aux Balkans que se dévouèrent nos infirmières françaises : au Maroc elles font des merveilles, se dépensant sans compter avec leurs forces, qui les trahissent parfois. Lors du départ de certaines d'entre elles de la terre africaine, le général d'Amade leur adressait ces délicates paroles auxquelles tous ne sauraient qu'applaudir :

« ... Depuis longtemps vous nous aurez quittés, que votre souvenir, le bruit discret de vos pas flotteront encore dans nos salles de blessés et de malades. Vous laisserez derrière vous comme un parfum, comme un arome bienfaisant et consolateur, la vision de votre grâce, le souvenir de votre bonté. »

La France, mais elle a des réserves merveilleuses qu'elle déverse à flots pressés sur tous les opprimés, les faibles, les déshérités de la vie. Pas une douleur à laquelle elle reste sourde, pas une plainte dont elle détourne l'oreille, pas une angoisse qu'elle ne tente de calmer et, dans cet élan magnifique, spontané, qui la pousse à courir au secours de tous ceux qui souffrent et qui gémissent, se rencontrent tous les âges et toutes les conditions. Le missionnaire, le soldat, la vierge, la femme du monde, l'enfant lui-même, tous s'unissent dans ce geste d'amour envers leurs semblables.

Honneur à vous tous, héros pour beaucoup inconnus, vous qui, à une heure quelconque de votre vie, soit dans un coin perdu de notre sol national, soit sur une plage lointaine, soit même au milieu des mers ou dans le centre de la terre, avez versé, pour les autres, une goutte de votre sang ou, plus encore, donné votre existence elle-même; oui, honneur à vous tous! Au nom de tous les mourants vers lesquels vous vous êtes inclinés, au nom de toutes les mères auxquelles vous avez rendu leurs enfants, au nom de tous les foyers auxquels vous avez gardé des époux et des fils, soyez bénis!

« Un apôtre n'est pas complètement apôtre s'il n'est soldat, et un soldat n'est pas complètement soldat s'il n'est pas apôtre. » Ainsi s'exprimait un jour M. l'abbé Deschamps, chanoine titulaire de Blois, dans un rapport qu'il prononçait sur l'œuvre des vocations ecclésiastiques.

Apôtres et soldats, voilà bien ceux dont j'ai cherché, dans ces pages, à esquisser les traits. Traits sublimes, en vérité, gravés par Dieu lui-même, au cours des âges, sur les physionomies de certains.

Ces héros que nous avons étudiés, que nous avons admirés, dont nous nous sommes plu à souligner les hauts faits accomplis, pour un grand nombre, dans l'ombre et dans le silence, ils sont bien de chez nous. Ils sont nés sur cette terre de France que nous foulons chaque jour sous nos pas. Ils ont respiré l'air de nos montagnes ou de nos champs. Leurs yeux, en contemplant la voûte azurée suspendue sur leurs têtes, se sont imprégnés d'idéal. La grande chanson du pays, celle qui monte du cœur de nos vallées, celle qui descend de nos coteaux, celle que le laboureur fredonne en traçant son sillon, celle enfin que chantaient nos mères, la chanson de l'âme française, en un mot, elle traverse les airs, se répétant de colline en colline, de village en village, claire, vibrante, et très douce aussi. Elle résonne, tour à tour stridente, poignante et sublime, au-dessus des berceaux comme au-dessus des tombes. Un souffle généreux l'anime et la brise des vents, en en dispersant les échos, fait que, du nord au midi et de l'est à l'ouest, elle soulève les âmes.

« C'est la France qui chante, » disait le héros de Bazin, dans les *Oberlé*. Oui, c'est bien elle, en effet, qui chante, qui frissonne, qui rit et qui pleure par la bouche de ses enfants.

Chante donc, ô ma France aimée! chante pour les petits, pour les humbles, pour les lassés de la vie. Chante pour les grandes et pour les nobles causes, et que ta voix entraîne et soulève les cœurs.

Chante pour les heureux, pour ceux que la victoire
Effleura de son aile à l'ombre des drapeaux.
Chante pour les vaincus condamnés au repos,
Hantés par le désir de venger ta mémoire...

Chante aussi pour tous les nouveau-nés enveloppés dans leurs langes, berce-les de tes joyeux et patriotiques refrains. Chante pour ceux-là de vingt ans qui ne rêvent que de dépenser pour toi la fougue de leur jeunesse et dont les épées frémissantes fourmillent dans leurs fourreaux.

Chante pour ceux qui pleurent et qui luttent, trouvant la tâche lourde et le fardeau pesant. Chante enfin pour les vieux, pour ceux dont les cheveux se givrent et dont les pas chancellent. Chante pour tous nos morts tombés pour ton drapeau, pour les héros qui dorment dans leurs tombeaux, attendant l'heure du grand réveil où, secouant la poussière des ans, ils entreront dans l'immortelle Patrie dont tu n'es, malgré tout, qu'un reflet et qu'une ombre.

O France, il n'y a pas longtemps, tes accents, portés sur les vagues des flots, s'en allaient se faire acclamer sur ce point du globe, autrefois terre française, où nos pères du

Canada, restés fidèles dans leur premier amour, unis dans une commune étreinte avec plusieurs de tes illustres enfants[1], célébraient la souplesse, l'élégance et les charmes de ton idiome, tandis que tes drapeaux, largement déployés, faisaient joyeusement claquer leurs trois couleurs au-dessus des clochers en fête, au-dessus des mâts fleuris, au-dessus des choses, des êtres et des âmes[2]. Chacun sait, d'ailleurs, que le français est la langue des traités, autrement dit, la langue diplomatique. Or, un certain jour, quelques hommes politiques de Hollande, poussés par les flamingants de Belgique, ont eu la prétention de vouloir supprimer l'emploi exclusif de la langue française dans les relations internationales. Grâce à Dieu, le ministre des Affaires étrangères, M. de Marcesvan Swinderen, indigné d'une telle mesure à prendre, s'est écrié :

« Je suis un diplomate de la vieille école et je n'admettrai jamais que l'on puisse renoncer à l'usage de la langue française dans les relations diplomatiques. »

Réjouissons-nous d'une telle protestation et soyons-en fiers. Ce n'est pas d'hier, en effet, que notre idiome a été adopté comme langue employée dans les relations entre les diplomates; il y a quatre siècles que la chose existe, et ce n'est pas là un des moindres prestiges de notre Patrie que

[1] Congrès de la langue française au Canada, en 1912. C'est M. Étienne Lamy qui, le 25 juin de cette même année, prononça à Québec le discours français, au nom de l'Académie dont il était un des délégués les plus éminents.

[2] Au lendemain du congrès, l'Académie française, en remerciement de sa courtoisie, recevait une médaille de bronze, œuvre du graveur A. Morton. Cette médaille porte, à l'avers, une mère apprenant le français à un enfant assis sur ses genoux. Le livre ouvert porte les noms de Champlain, Montcalm, etc. Au-dessus on lit l'inscription : « Parlons français. » Au revers de la médaille une double inscription : « C'est notre doux parler qui nous conserve frères, » et : « Premier congrès de la langue française au Canada. » Québec, 1912.

L'Académie française, par la plume de son directeur, M. Frédéric Masson, a immédiatement adressé une lettre à Mgr Roy, président du comité permanent de la langue française au Canada, pour le remercier de l'envoi de la médaille en question.

d'avoir su imposer ou, du moins, faire accepter de tous les États que notre belle langue française soit vraiment la langue universelle.

D'ailleurs, à propos d'un discours de M. Poincaré, prononcé peu de temps avant qu'il soit appelé à la présidence de la République, un journal autrichien, le *Neues Viener Tageblatt,* inscrivait dans ses colonnes ces quelques lignes, tout à l'honneur de notre beau parler :

« Nous éprouvons, était-il dit, un plaisir particulier à lire un discours en français, dans cette langue courtoise, propre plus qu'aucune autre à donner une tournure agréable aux choses les plus pénibles. »

En 1874, déjà, l'Académie de Berlin couronnait le discours de Rivarol sur l'universalité de la langue française, en soulignant spécialement le passage où il est dit que « cette langue est la seule qui ait une probité native ».

Enfin, dans sa circulaire du 1er janvier 1913, annonçant une réduction dans le prix de transmission, la grande agence télégraphique, *The Great North Western,* indiquant dans quel idiome elle peut transmettre les messages, dit que c'est dans la langue du pays d'origine ou de destination « ou dans la langue française, *langue universelle* ».

M. Paul Parsy, le sympathique conférencier qui met sa parole au service de toutes les nobles causes, nous rapporte de son voyage aux Balkans qu'à l'état-major serbe, durant la guerre, les officiers parlaient habituellement le français, et que c'est en français que se faisaient les communications aux six journalistes admis à suivre les opérations.

Ainsi donc, elle est absolument générale la suprématie de notre belle langue sur tous les autres idiomes, et si j'ai tenu à souligner ce fait, c'est qu'il ajoute une note de plus aux remarques déjà notées, un fleuron de plus à la gloire de notre pays.

Autre détail profondément touchant et qu'il me plaît de signaler ici. La municipalité de la ville de Cavalla (Grèce) adressait, au lendemain du retour des notables emmenés comme otages par les Bulgares, un télégramme au président de la République française, M. Poincaré, lui demandant d'agréer « que le noble nom de *France* soit donné à un des boulevards de la ville, afin de rappeler aux générations futures toute la reconnaissance due à vous et à votre chevaleresque patrie ».

« La France est une personne, » a dit Michelet. La parole est vraie. Personne toute gracieuse et tout aimable, ayant le don d'attirer et de charmer tous ceux qui l'entrevoient et tous ceux qui l'approchent. Il est des nations plus grandes, plus riches et plus puissantes, il n'en est pas de plus aimée ni de plus respectée. Tous les États comptent avec elle, reconnaissent sa supériorité et se font un point d'honneur d'entretenir avec elle d'amicales relations. Ses grandes écoles, ouvertes à tous, voient arriver, chaque année, comme élèves, des princes de tous les pays, des officiers de toutes les nations. Ils sont nombreux les étrangers formés à Saint-Cyr et à Saumur, et qui, rentrés chez eux, à la tête de leurs colonnes et de leurs escadrons, s'empressent d'appliquer les principes et les méthodes étudiés et admirés chez nous.

Personne n'ignore que le roi de Serbie, Pierre Ier, est sorti sous-lieutenant de Saint-Cyr, et qu'en 1870 il a combattu dans nos rangs.

J'ai nommé tout à l'heure les Balkans. Je pourrais, à cette occasion, rappeler que c'est à l'un de nos meilleurs officiers, au général Eydoux, que l'armée grecque dut, en grande partie, ses victoires. C'est à Marseille que, en octobre 1913, la colonie grecque de la ville, voulant reconnaître le rôle qu'il avait joué dans son pays durant les hostilités, lui offrait une épée en or ciselé, aux armes grecques, en émail, représentant une réduction de la statue de Phidias et portant sur la garde cette inscription : « Au général Eydoux, la colonie grecque de Marseille, souvenir de la guerre des Balkans (1912-1913). »

En remettant cette épée d'honneur au général Eydoux, M. P. Zarifi lui disait :

« Ce témoignage de gratitude ne doit pas vous surprendre, car, vous le savez, nous sommes tous Français de cœur, et nous considérons la belle France comme une seconde patrie. Nous l'aimons et nous lui resterons profondément attachés. »

Tout ceci tend à prouver d'une façon péremptoire la supériorité de nos systèmes et le prestige qu'ils exercent sur les autres nations. Victoires de nos canons sur toutes les lignes des peuples alliés ; victoires de nos méthodes, de nos principes, victoires d'autant plus françaises, enfin, que la plupart des guerriers et des chefs bulgares et serbes ont été élevés, instruits, formés par des religieux de chez nous. C'est donc bien l'influence même de la France qui jaillissait en eux, les enflammait et les conduisait au triomphe.

Mais ce n'est pas tout. Si la mission militaire, dirigée par le général Eydoux, exerça sur les corps combattants une impulsion décisive que tous reconnaissent, le corps sanitaire, lui aussi, reçut la plus heureuse influence grâce au docteur Arnaud, directeur du service de santé. Enfin, n'est-ce pas à Salonique que le célèbre chirurgien d'Angers, le docteur Monprofit, organisa les hôpitaux d'après les méthodes employées en France, démontrant ainsi à tous la supériorité et l'efficacité de nos systèmes de pansements?

« Madame France, » ainsi s'expriment au Maroc les indigènes soignés par les infirmières de la Croix-Rouge pour désigner chacune de leurs charitables bienfaitrices. « Madame France, » auraient pu dire ces misérables Turcs, gisant sur la terre nue, les membres coupés ou arrachés, affaiblis par le sang qui s'échappait de leurs béantes plaies, aux sœurs à la blanche cornette qui, le sourire de France sur les lèvres, se penchaient sur eux pour panser leurs blessures et essuyer leurs fronts.

Ainsi donc, c'est toujours vers la douce France que, dans quelque endroit qu'ils tombent, se tournent les blessés de la vie. Et c'est avec toute la commisération de son cœur et toute la pitié de son âme qu'elle répond à leurs appels, continuant ainsi de par le monde, à travers les âges, sa traditionnelle réputation d'amoureuse charité.

Il est charmant ce trait que l'on me racontait récemment d'un officier bulgare qui, partant en guerre, au moment même de franchir la frontière de son pays, à la tête de ses escadrons, prenait le temps d'envoyer un mot à son ancien colonel de France, alors colonel de dragons, sous les ordres et dans le régiment duquel il avait servi, pour lui annoncer qu'il avait l'honneur d'être promu à la tête d'un détachement désigné pour se battre.

Ce salut cordial entre deux officiers de nations différentes, ce souvenir reconnaissant du chef bulgare au colonel français qui l'avait initié à l'art de la guerre, tel qu'il est pratiqué chez nous, n'est-il pas touchant et bien digne d'être signalé ici?

Ainsi donc voilà que d'avoir touché la terre de France, d'avoir respiré l'air pur de ses collines et de ses vallées, d'avoir appris son idiome, de l'avoir parlé, d'avoir étudié ses méthodes, d'avoir côtoyé ses habitants, voilà que ces étrangers emportent dans leurs cœurs un peu de cet idéal dont j'ai parlé dans un précédent chapitre, et rentrés dans leur pays, à la tête de leurs hommes, ces chefs, à leur tour, deviendront des héros.

Quels germes, quels ferments splendides faut-il donc qu'elle porte dans son sein, notre France bien-aimée, puisque non seulement ses fils, mais d'autres encore, dès l'instant qu'ils touchent son sol, qu'ils vivent sur son territoire, grandissent à ce point que, revenus chez eux, rentrés dans leur patrie, ils sèment, comme tout naturellement, un peu de gloire tout le long de leur route ?

Que dire de ses propres enfants ? Héros tombés à l'ombre de la croix ou sous les plis du drapeau tricolore, et vous tous, victimes du devoir accompli, que vous portiez la robe ou l'épée, que vous teniez en vos mains le guidon de votre appareil ou la boussole de l'explorateur ; que vous affrontiez les flots en courroux, que vous vous dépensiez, enfin, pour quelques-uns de vos semblables, la France, avec orgueil, vous revendique pour siens. Certes, la plupart des nations ont leur élite aussi, mais je ne sache pas qu'il y en ait une seule pouvant rivaliser avec la nôtre. La chose est si vraie, d'ailleurs, que nos ennemis eux-mêmes se plaisent à le constater.

Dans une de ces randonnées de la guerre du Maroc où nos soldats se sont battus avec une crânerie toute française, leur entrain, leur bravoure excitaient l'admiration du journal allemand l'*Anzeiger,* qui, ne pouvant contenir son enthousiasme, laissait, par la plume de l'un de ses rédacteurs, échapper cet aveu :

« Je viens de voir les troupes marcher quatre semaines et se battre trois jours. J'ai vu des scènes qui m'arrachaient le cri du roi Guillaume : « Ah ! les braves gens ! »

Les braves gens ! Comment ne pas, nous aussi, répéter ce mot, au lendemain, pour ainsi dire, de la fausse alerte de Nancy, alors que tous, prenant la chose au sérieux et s'y croyant pour de bon, rivalisaient de promptitude, d'énergie et d'entrain, pour répondre à ce qu'ils pensaient être un appel aux armes.

Tel ce boulanger, en train de pétrir sa pâte, et qui laisse là l'ouvrage commencé pour accourir au 2e bataillon de chasseurs qu'il doit rejoindre en cas de guerre.

Tel encore ce père de famille empêchant son fils de changer de chemise pour lui éviter le plus petit retard.

Certains de ces vrais patriotes, de ces braves enfants de la France, arrivaient avec leurs chevaux, les offrant d'eux-mêmes pour la réquisition. D'autres accouraient tout équipés, tout armés de fusils d'occasion empruntés à des sociétés de tir ; tous enfin se hâtaient de rejoindre leur corps d'armée avec leur bonne humeur et leur ardent patriotisme.

Voilà bien la grandeur, l'énergie, la crânerie de la race prises sur le fait, en une seule minute, il est vrai, mais en une minute qui fut suprême et splendide. Voilà ceux qui sont prêts, le jour où le canon tonnera sur les rives du Rhin, à affronter ses coups en souriant, mais surtout à lui répondre en hommes dans le cerveau desquels la revanche aura mis de superbes et belliqueuses ardeurs.

Montrez-vous donc, approchez, si vous l'osez, Teutons soi-disant si redoutés ! Ce n'est pas parce qu'en un jour à jamais néfaste votre botte a foulé notre sol en en faisant jaillir des flots de sang, que vous y reviendrez à nouveau en vainqueurs. A la frontière on vous guette, et plus, on vous attend. Les fils et les petits-fils de ceux qui tombèrent sous votre talon se dressent aujourd'hui, faisant à la ligne naturelle, tracée par les Vosges, comme un contrefort, un rempart de leurs corps. Vous armez vos soldats, vous renforcez vos contingents, vous entraînez vos troupes, vous exercez vos hommes; la France, depuis quarante ans, n'a pas cessé de montrer sa blessure toujours béante à ses enfants, en les chargeant de la venger et de la cicatriser lorsque l'heure en serait venue. Nous aussi, nous doublons les rangs, et du plus petit hameau de France, comme de la plus grande de ses villes, les conscrits se lèvent en masse, ils réclament l'honneur de servir, ils s'enrôlent en chantant, répondant au pays qui les appelle : Présents!

S'il vous en plaît, tirez vos épées, nous tirerons les nôtres; mais songez que ceux qui les tiendront dans leurs mains seront les petits-fils de ceux dont vous avez fait pleurer les femmes et les mères [1].

France, regarde tes enfants. Ils luttent pour toi, ils combattent pour toi, ils meurent pour toi! Certains s'en prennent à ton sol, le défrichant, le retournant, l'ensemençant, s'acharnant à lui faire produire de merveilleuses et abondantes moissons. D'autres, dans la solitude et le recueillement de leur laboratoire, demandent à la science de leur découvrir ses plus précieux secrets. Il en est qui parlent et dont la voix, pénétrant les foules, se fait pressante et chaude, convaincante et charmeuse, te faisant partout acclamer et surtout te faisant par tous aimer. D'aucuns écrivent, et leurs plumes, en courant, s'en vont porter le trop-plein de leurs âmes jusque dans les foyers les plus obscurs et les plus éloignés. Et ces papiers noircis, burinés par eux, s'en vont, dépassant les frontières, éclairer, soulever les esprits, dépo-

[1] Les événements ont prouvé que ce n'était pas trop s'avancer que de parler ainsi. Elle fut spendide la mobilisation. Ils partirent en chantant, tous nos petits troupiers! Voir la note insérée à la fin du volume.

sant en eux du bon grain de chez nous qui, le moment venu, germera dans les cœurs.

Beaucoup, ô France, nous l'avons vu, s'emploient à étendre ta puissance à l'extérieur, achetant au prix de leur repos, de leur jeunesse et parfois de leurs vies, l'honneur de grandir ton renom et d'accroître encore ton territoire. Tous, enfin, n'ont qu'un but, ne poursuivent qu'un rêve, celui d'illustrer ton histoire. Chacun tient à décorer son drapeau, à caresser ses plis, à baiser la moindre de ses franges.

C'est à qui tracera sa page en ton beau livre d'or, et c'est en ce livre sacré par les ans, aussi bien que par les noms glorieux qu'il renferme, que je dépose ces feuillets, fier de le grossir de faits et de gestes qui, s'ils sont connus de plusieurs, ne le sont probablement pas de tous. Oui, car tandis que l'élite marche en avant, semant la route de ses sueurs et de son sang, la foule, hélas! la masse poursuit son chemin, les yeux obstinément fixés sur la terre, ignorant les beautés et les joies suprêmes du sacrifice et les vastes horizons ouverts à ceux qui contemplent le ciel.

A tous, pourtant, appartient ou plutôt revient le devoir de travailler à la cause commune. A tous il est enjoint de parcourir page à page et ligne par ligne l'histoire du passé, d'en méditer les leçons et de savourer les faits glorieux accomplis par ceux qui furent nos devanciers. Le livre une fois fermé, à chacun de graver son nom sur la pierre du temps.

O France, les poètes t'ont chantée! Les pinceaux de tes peintres ont illustré tes victoires, des artistes de génie ont ciselé sur le marbre ou sur le bronze les plus belles et les plus pures de tes gloires. Les Barrès, les d'Esparbès, les Gourdon, les Henry Bordeaux ont écrit sur toi de délicieuses pages. Pourquoi donc, après eux, les petits, les humbles, les ignorés, ne viendraient-ils pas, eux aussi, ajouter un anneau à la chaîne, déjà si longue, de tous ceux qui, pour toi, ont fait courir leurs plumes sur le blanc parchemin? René Bazin, l'auteur qui décrit si bien les charmes de ton terroir, t'appelait « la douce France » et te gagnait les cœurs des jeunes, de ceux qui grandissent et qui, demain, seront des hommes.

Il leur signalait tes beautés natives, tes réserves fécondes, tes richesses merveilleuses et leur apprenait à te mieux connaître et, par là même, à te mieux aimer.

A chacun, à sa suite, et comme lui, de tracer son sillon, de poursuivre sa tâche en te servant de son mieux, en t'aimant aujourd'hui plus qu'hier, et pourtant moins que demain. N'est-ce pas là continuer l'œuvre commencée par tous les héros dont nous avons esquissé les traits? N'est-ce pas tenir toujours élevé le fanion de ton honneur que, de siècle en siècle et de main en main, on se passe sans faiblir? N'est-ce point là chercher à grandir encore et toujours plus ta renommée dans le monde? N'est-ce pas, enfin, crier bien haut, en deçà même de ces pages : C'est de la France qu'il s'agit, c'est d'elle que j'ai parlé, c'est elle qu'il faut aimer. Vive la France!

FIN

Ce livre était entre les mains de l'éditeur lorsque éclata la guerre de 1914. Il ne m'appartient pas de revenir sur ces pages où, plus d'une fois, je faisais allusion à la guerre de demain, ne me doutant pas, alors, que le feu couvait sous la cendre et que ce serait celle d'aujourd'hui dont il faudrait parler.

Entraînés par les exemples de nos héros d'hier, tous les enfants de la France se sont levés. Tous ont pris les armes et couru à la frontière. Aux barbares qui tuaient, qui brûlaient, qui bombardaient, qui pillaient, ils ont opposé leur crânerie proverbiale. Les feuilles publiques débordent de traits splendides accomplis par les nôtres. Il serait impossible de les retracer ici. Mieux vaut remettre à plus tard le récit de ces gestes sublimes. Si Dieu le permet, notre plume relatera ces faits recueillis jour par jour, elle racontera dans leur noble simplicité les sacrifices accomplis par ces jeunes gens, fauchés à la fleur de leur âge et qui, dans une audacieuse témérité, ont volé à la mort en souriant, heureux de verser leur sang jusqu'à la dernière goutte pour leur pays aimé.

Ah! ce sang français, quelles contrées n'a-t-il pas rougies? Et pourquoi faut-il que celui des femmes et des enfants se soit mêlé à celui de nos soldats? Pourquoi faut-il que des atrocités innommables aient été commises par ceux-là qui osent s'appeler des civilisés et mettent dans leurs proclamations le nom sacré de Dieu !

M. ROCHENOR.

TABLE

36905. — Tours, impr. Mame.

www.ingramcontent.com/pod-product-compliance
Ingram Content Group UK Ltd.
Pitfield, Milton Keynes, MK11 3LW, UK
UKHW020327230726
13925UKWH00002B/675

9 782013 503587